ADAC

Algarve

von Sabine May

 **ADAC Top Tipps**

Das müssen Sie gesehen haben! Die zehn Top Tipps bringen Sie zu den absoluten Highlights.

 ADAC Empfehlungen

Unterwegs gut beraten: Diese 25 ausgesuchten Empfehlungen machen Ihren Urlaub perfekt.

Preise für ein DZ mit Frühstück:
€ | bis 70 €
€€ | bis 140 €
€€€ | ab 140 €

Preise für ein Hauptgericht:
€ | bis 12 €
€€ | bis 20 €
€€€ | ab 20 €

INHALT

Seite 14

🟦 Intro

Impressionen 6
An einer der schönsten Küsten Europas
Auf einen Blick 11

🟨 Magazin

Panorama 12
Das sieht nach Urlaub aus!

Beste Reisezeit 18
Frühling, Sommer 18
Herbst, Winter 19

So schmeckt's an der Algarve 22
In aller Munde 25

Einkaufsbummel 26
Das perfekte Souvenir 27

Mit der Familie unterwegs ... 28
Urlaubskasse 28
Übernachten mit Kindern 29
Strand und mehr 29
Kleine und große Abenteuer ... 30
Natur und Kultur für Kids 30

Schneewittchenteller 30
Leuchtende Augen 31

Surfen an der Algarve 32
Expertenrat 35

Kunstgenuss 36
Jazzkonzerte drinnen und draußen 37
Hugo Alves, ein Mann mit vielen Begabungen 39

Seite 23

2

INHALT

Seite 35

Seite 28

So feiert die Algarve 40
Schauen, staunen und mitfeiern in den Karnevalshochburgen der Algarve

Die Algarve – gestern und heute 42
Am Puls der Zeit 45

Orte, die Geschichte schrieben 46
Der Gouverneurspalast von Lagos hat viele Herrscher kommen und gehen sehen
Königliche Monumente 47

Waldbrände 48
Wie die Gefahr gebannt werden kann

Das bewegt die Algarve 50
Fortbewegung der anderen Art – in der Kutsche durch die Gegend zuckeln

ADAC Traumstraße 52
Eine gemütliche Runde durch das liebliche Hügelland Barrocal
Von Albufeira nach Vilamoura 52
Von Vilamoura nach Loulé 53
Von Loulé nach Salir 54
Von Salir nach Alte 55
Von Alte nach Albufeira 57

Im Blickpunkt

Rocha da Pena 83
Fonte Benémola 85
Bunte Fliesenkunst 103
Fischfang früher und heute 108
Wasservögel an der Algarve 114
Via Algarviana 116
Weinbau an der Algarve 128
Prunkvolle Barockretabel 144
Der Portugiesische Wasserhund 146
Die portugiesischen Entdeckungsfahrten 158
Das maurische Erbe 160
Schnaps von Baumerdbeeren 163
Manuelinischer Baustil 164
Barranco dos Pisões 166

INHALT

Unterwegs

ADAC Quickfinder
Das will ich erleben 60

**Faro und das
Hügelland Barrocal** 64

1. **Faro** 66
2. **Quinta do Lago** 75
3. **Almancil** 75
4. **Loulé** 76
5. **Quarteira** 78
6. **Vilamoura** 79
7. **Paderne** 80
8. **Alte** 81
9. **Salir** 83
10. **Querença** 84
11. **São Brás de Alportel** 86
12. **Estoi** 88
13. **Olhão** 90
14. **Ria Formosa** 92
Übernachten 94

**Sandalgarve und
Rio Guadiana** 96

15. **Fuseta** 98
16. **Moncarapacho** 98
17. **Tavira** 100
18. **Cabanas** 107
19. **Monte Gordo** 108
20. **Vila Real de Santo
    António** 109
21. **Castro Marim** 111
22. **Foz de Odeleite** 113
23. **Alcoutim** 114
24. **Martim Longo** 116
25. **Cachopo** 117
Übernachten 118

Seite 122

Seite 165

**Felsalgarve und mediterranes
Hinterland** 120

26. **Olhos de Água** 122
27. **Albufeira** 123
28. **Guia** 124
29. **São Bartolomeu
    de Messines** 124
30. **Armação de Pêra** 126

INHALT

31 **Lagoa**	127
32 **Carvoeiro**	128
33 **Silves**	130
34 **Ferragudo**	133
35 **Portimão**	134
36 **Alvor**	140
37 **Lagos**	142
38 **Burgau**	148
Übernachten	150

Costa Vicentina und Serra de Monchique ... 152

39 **Vila do Bispo**	154
40 **Sagres**	155
41 **Cabo de São Vicente**	156
42 **Carrapateira**	159
43 **Aljezur**	160
44 **Odeceixe**	162
45 **Marmelete**	163
46 **Monchique**	164
47 **Caldas de Monchique**	166
Übernachten	168

■ Service

Algarve von A–Z 170
Alle wichtigen reisepraktischen Informationen – von der Anreise über Notrufnummern bis hin zu den Zollbestimmungen.

Festivals und Events	174
Chronik	184
Mini-Sprachführer	185
Register	186
Bildnachweis	189
Impressum	190
Mobil vor Ort	192

Umschlag:

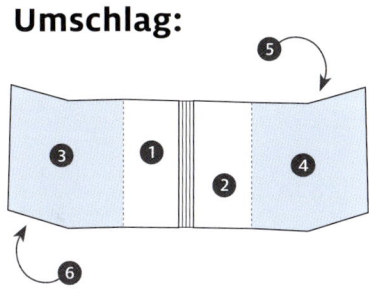

 Zu diesen Orten und Sehenswürdigkeiten finden Sie Detailkarten im Innenteil des Reiseführers.

ADAC Top Tipps: Vordere Umschlagklappe, innen ❶

ADAC Empfehlungen: Hintere Umschlagklappe, innen ❷

Übersichtskarte Algarve West: Vordere Umschlagklappe, innen ❸
Übersichtskarte Algarve Ost: Hintere Umschlagklappe, innen ❹
Stadtplan Faro: Hintere Umschlagklappe, außen ❺
Ein Tag in Faro: Vordere Umschlagklappe, außen ❻

An einer der schönsten Küsten Europas

Rote Felsen prägen den Westen der Algarve, lange flache Sandstrände und Lagunen den Osten

Spektakuläre Felsformationen und türkisfarbenes Meer an der Küste bei Lagos

Der Südwestzipfel des europäischen Kontinents und zugleich südlichste Teil Portugals blickt dank seines milden Klimas und der attraktiven Strände auf eine lange Tradition als Urlaubsziel zurück. Obwohl die Algarve am Atlantik liegt, wirkt die Landschaft mit ihren Orangengärten, Mandelhainen, Olivenbäumen und der verbreiteten Macchie mediterran.

Liebenswert bis ins Detail

An jeder Ecke gibt es etwas zu entdecken. Die Portugiesen sind Meister im geschickten Arrangement von Kleinigkeiten. An den niedrigen Häusern hängt hier ein winziges Fliesenbild, da ein Türklopfer, dort ein hübsches Blumenbouquet. Den Boden von Gassen und Plätzen bedeckt oft ein attraktives, schwarz-weißes Pflastermosaik. So wird ein Gang durch ei-

Impressionen von der Algarve

nes der gepflegten Kleinstädtchen im Hinterland der Algarve niemals langweilig. Und auch die Städte an der Küste können sich sehen lassen. Wie aus dem Ei gepellt wirken Meerespromenaden, Palmengärten, Fußgängerzonen, restaurierte Kirchen und Paläste. In Fischerhäfen spielt sich das pralle Leben ab, in den kleinen Bergdörfern hingegen scheint die Zeit stehen geblieben zu sein. Aber auch die Landschaften der Algarve sind nicht zu verachten. Allen voran natürlich die weiß in der Sonne glitzernden Strände. An der Sandalgarve liegen sie oft auf vorgelagerten, einsamen Inseln und laufen sanft in den Atlantik aus. Der Vogelreichtum der angrenzenden Lagunen, Meereskanäle und Sümpfe bleibt unvergesslich. Ganz anders mutet die Felsalgarve an. Zwar sind auch hier die Strände sandig und oft kilometerlang. Doch dahinter bauen sich ockerfarbene und rötliche Klippen auf, das Markenzeichen der Algarve, häufig begrünt von lichten Pinienwäldern. Immer rauer wird es zur wenig erschlossenen Westküste hin, deren Besuch nach wie vor Abenteuer verspricht.

Das sind die Highlights

Ganz vorn in der Gunst der Besucher liegen natürlich die schönsten Strände, etwa die mehrere Kilometer lange, natürliche Praia da Falésia oder auch

Die Igreja Matriz in Moncarapacho (oben) – Blumenpracht in der Hafenstadt Portimão (unten)

An einer der schönsten Küsten Europas

Der Fischerort Ferragudo liegt an der Mündung des Rio Arade (oben) – In der Altstadt von Faro (Mitte) – Windrose im Fortaleza de Sagres (unten)

Flussmündung bei Odeceixe. Abseits des Stranderlebnisses sind im Ostteil der Algarve kulturelle Sehenswürdigkeiten wie die vornehme Altstadt von Faro mit ihrer großartigen Kathedrale, der Palastgarten von Estoi, die Kirchen und Klöster von Tavira oder die Christusritterburg von Castro Marim gefragt. Im Westen locken das modern gestaltete Stadtmuseum von Portimão in einer ehemaligen Fischfabrik, die Megalithmonumente von Alcalar, die noblen Kirchen von Lagos und natürlich die Festung von Sagres, einst Stützpunkt Heinrich des Seefahrers, der hier die portugiesischen Entdeckungsfahrten plante. Um die typische Atmosphäre der Algarve zu erspüren, bieten sich Fischerhäfen wie Fuseta und Ferragudo ebenso an wie die Kunsthandwerkerdörfer Cachopo

die kleineren, felsgesäumten Badebuchten bei Carvoeiro oder Lagos, die sandigen Strandinseln bei Faro und Tavira und als Geheimtipp die sandige

Impressionen von der Algarve

und Monchique. Ebenfalls noch sehr ursprünglich präsentieren sich die Ortschaften im hügeligen Hinterland von Faro, unter denen Alte dank seiner traditionellen Architektur mit den typischen, verspielten Schornsteinen und seiner wasserreichen Umgebung herausragt. Landschaftliche Höhepunkte sind, abgesehen von den bizarrsten Stellen der Felsalgarve wie der Ponta da Piedade, auch die Lagunen von Alvor und der Ria Formosa und die Sümpfe von Castro Marim mit ihrer jeweils reichen Vogelwelt. Nicht zu vergessen das Südwestkap Europas, das brandungsumtoste Cabo de São Vicente.

So tickt die Region

Wer die Menschen der Algarve treffen möchte, sollte die Märkte besuchen. Fast jede Stadt hat eine Markthalle mit einem oft überbordenden Angebot an Produkten, die direkt aus der Region stammen. Dort decken die Algarvios noch weitgehend ihren Bedarf an Obst, Gemüse, Gewürzen, Backwaren, Fisch und Fleisch, auch wenn moderne Supermärkte inzwischen eine mächtige Konkurrenz darstellen. Nach wie vor ist es ein Erlebnis, Händlern und Kunden beim Feilschen und Diskutieren zuzuschauen und auch selbst die eine oder andere Leckerei zu erstehen. Anschließend treffen sich alle in den umliegenden Cafés, um zu plaudern und eine »bica« (Espresso) zum Kuchenstückchen zu genießen. Mittags füllen sich in den Städten die kleinen Esslokale, in denen man oft erstaunlich preisgünstig speisen kann. Eine lange Siesta wie in Spanien gibt es an der Algarve nicht. Am Nachmittag geht das Leben weiter, wenn auch gemächlicher, denn vor allem im Sommer setzt die Hitze die Menschen schnell au-

In der Markthalle unten am Fluss in Silves geht es noch ganz bodenständig zu

An einer der schönsten Küsten Europas

ßer Gefecht. Dann hilft nur noch ein Sprung ins Wasser nach Arbeitsschluss am nächstgelegenen Strand.

> *Die Sonne fliegt auf ihrem hellen Weg, wirft zur Erde einen majestätischen Blick; Singend zieht vorüber, wer die Luft bevölkert, und der Strand umarmt glücklich das Meer.*
>
> João de Deus (1830-1896), São Bartolomeu de Messines

Abends geht es vor allem am Wochenende zur Sache. Das jüngere Publikum macht freitags und samstags gern die Nächte durch, sodass sich sonntags die Straßen erst gegen Mittag mit Ausflüglern füllen, die an die Strände oder in die Berge fahren. Ausgiebiges Speisen in einem Landrestaurant oder ein Picknick mit der Familie, die auch heute noch eine wichtige Rolle im Leben der Portugiesen spielt, gehören dazu. Den Sonntagabend verbringen die Einheimischen gerne in Ruhe zu Hause, viele Restaurants sind dann geschlossen.

Die touristische Infrastruktur

Die Algarve lebt fast ausschließlich vom Tourismus. Entsprechend gibt es Hotels für jeden Geldbeutel und Geschmack in großer Zahl. Während große Ferienorte wie Albufeira oder Praia da Rocha (Portimão) sich eher dem Massentourismus verschrieben haben, setzen das Golferparadies Quinta do Lago oder das Golf- und Jachthafen-

Speisen mit Blick aufs Meer ist essentieller Teil des Algarve-Urlaubs, hier in Sagres

Auf einen Blick

resort Vilamoura auf zahlungskräftige Gäste. Irgendwo dazwischen ordnen sich klassische Ferienorte wie Monte Gordo oder Carvoeiro ein. Lagos zieht ein recht junges, meist wassersportorientiertes Publikum an, das sich auch in den Surferorten westlich von Lagos und an der Westküste tummelt. Familien bevorzugen hingegen die kinderfreundlichen, flachen Strände der Sandalgarve, hinter denen sich Campingplätze und Ferienhaussiedlungen erstrecken. Alle wichtigen Strände sind während der Sommersaison bewacht und mit sanitären Einrichtungen ausgestattet. In den Ferienorten gibt es Anbieter für zahlreiche Wassersportarten, Fahrradverleihfirmen, Autovermietungen und natürlich jede Menge Restaurants, Nachtlokale und Einkaufsmöglichkeiten.

Distrikthauptstadt Faro

Sprache Portugiesisch; Englisch wird überall verstanden

Währung Euro

Staatsform Parlamentarische Republik. Die Algarve ist eine von sieben Regionen und einer von 18 Verwaltungsdistrikten.

Fläche 5412 km², doppelt so groß wie das Saarland

Einwohner 442 358

Tourismus Pro Jahr rund 18 Mio. Übernachtungen (ca. 4 Mio. Portugiesen). Bei internationalen Gästen führen zahlenmäßig Briten vor Deutschen.

Religion 59,5 % Katholiken, 25,5 % religionslos, 7,5 % Protestanten, 5,2 % sonstige Christen, 0,4 % Muslime, 1,9 % Sonstige

Zeitzone Westeuropäische Zeit (WEZ)

Wichtigste Vokabel »Obrigado« (danke), weiblich »obrigada«

Darauf sind die Algarvios besonders stolz Im Estádio Algarve bei Faro trägt die Fußballnationalmannschaft von Gibraltar ihre Heimspiele aus. Ein kleiner Ausgleich dafür, dass die portugiesische Nationalmannschaft vorwiegend in Lissabon und Porto spielt.

Magazin

Rötliche Felsen aus zerklüftetem Gestein umrahmen die Praia do Camilo, eine der attraktiven Sandbadebuchten bei Lagos. Zu erreichen ist sie nur zu Fuß, über eine Holztreppe mit weit über hundert Stufen. Das Wasser schimmert meist türkisfarben und ist kristallklar. Schnorchler finden hier ein ideales Revier.

Zwei Monumentalbauten überragen die verschachtelten Häuser von Silves: eine gotische Kathedrale, die auf einer Moschee fußt, und eine trutzige Burg aus dem 11. Jh. Deren Wehrmauer bietet einen Panoramablick über die alte Maurenstadt, in deren Straßen im Frühjahr die Jacarandabäume ein blaues Blütenkleid anlegen.

Gepflegte Gärten im französischen Stil, denen Palmen und Orangenbäume exotisches Flair verleihen, umgeben den Palácio de Estoi. Den Grundstein für den verspielten Rokokopalast legte um 1840 ein örtlicher Adliger, vollendet werden konnte der Bau erst 1909. Heute verbirgt sich in dem Kleinod ein nobles Hotel.

Beste Reisezeit Algarve

FRÜHLING

Er beginnt ausgesprochen früh, die Tage sind mild, aber es ist noch keine Badesaison.

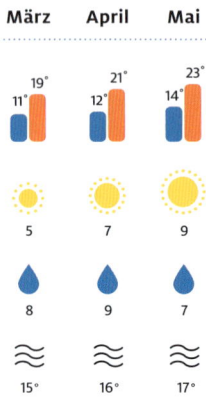

März	April	Mai
19° / 11°	21° / 12°	23° / 14°
5	7	9
8	9	7
15°	16°	17°

Die Bedeutung der Symbole (Angaben sind Mittelwerte)

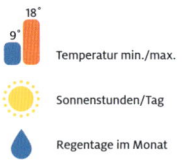

- Temperatur min./max. (18° / 9°)
- Sonnenstunden/Tag
- Regentage im Monat
- Wassertemperatur

Die Ostertage verbringen viele Portugiesen im Kreis der Familie, gern auch auf gemeinsamen Reisen. So füllen sich in dieser Zeit die Hotels. Überall finden Prozessionen statt, oft begleitet von Tanzgruppen und Blasmusik, und die Ortschaften putzen sich mit Blütenschmuck heraus. Aus den Restaurants dringen die Aromen der Osterspeisen. Traditionell wird am Karfreitag »bacalhau« (Stockfisch) gegessen, der Ostersonntagsbraten ist kräftig gewürztes Lamm. Blumenteppiche überziehen die Landschaft, besonders eindrucksvoll im Barrocal, dem welligen Hinterland von Faro, aber auch in der Serra de Monchique und anderswo. Zistrosen mit ihren weißen, gelben und rosafarbenen Schalenblüten gesellen sich zu den verschiedensten mediterranen Zwiebelpflanzen. Nirgendwo in Europa beginnt das Frühjahr so zeitig wie an der Algarve. Schnell wird es sogar regelrecht sommerlich mit Tageshöchsttemperaturen, die schon im April über der 20 °C-Marke liegen. Zum Baden im Meer ist es aber zu kalt. Erst im Juni steigt die Wassertemperatur auf immer noch recht frische 18 °C. Zwar ziehen die Preise zum Sommer hin bereits an, doch im Allgemeinen halten sich die Kosten in Grenzen. Vor allem Briten und Deutsche reisen in der Vorsaison an die Algarve.

Nicht nur an der Costa Vicentina blühen im Frühling die anspruchslosen Zistrosengewächse

BESTE REISEZEIT

Im Sommer lockt die Felsküste der Ponta da Piedade Kajakfahrer an

SOMMER

In der Hauptferienzeit wird gebadet und Wassersport getrieben, überall ist etwas los.

Zwischen Juli und September pulsiert das Leben an der Algarve. Die Küstenorte vervielfachen ihre Einwohnerzahl, manche Geschäfte, Restaurants und Unterkünfte öffnen ihre Pforten nur in dieser Zeit. Entsprechend klettern die Preise. Jetzt erholen sich hier auch viele Portugiesen, die oft einen Zweitwohnsitz an der Algarve unterhalten oder die Campingplätze bevölkern. Im Sommer wird gefeiert, auf Volksfesten, bei Musikfestivals und ganze Nächte durch in Bars und Tanzlokalen. Für die einen gehört das zu einem gelungenen Urlaub einfach dazu, für andere mag es schon zu viel sein. Obwohl der Atlantik die sommerliche Hitze dämpft, werden im Juli/August durchschnittliche Tagesspitzenwerte von 30 °C erreicht. Nachts bleibt es mit um 20 °C mild. Mit Regen ist kaum zu rechnen, meist lacht die Sonne von früh bis spät. Ideale Bedingungen also für alle, die baden und Wassersport betreiben möchten und lange Hosen oder Jacken am liebsten im Koffer lassen. Doch die Landschaft ist jetzt ausgedörrt, Blüten entfalten sich nur in bewässerten Gärten und auch die Tierwelt legt eine Pause ein. Wer also hohen Temperaturen nicht so zugetan ist, den touristischen Massen aus dem Weg gehen möchte und den Naturgenuss auch abseits der Badestrände sucht, sollte – sofern die Terminplanung es zulässt – auf die Vor- oder Nachsaison ausweichen.

BESTE REISEZEIT

Am Cabo Sardão nisten Weißstörche in den Klippen

HERBST

Der Herbst ist schön zum Baden und Genießen, aber auch für Naturerlebnisse.

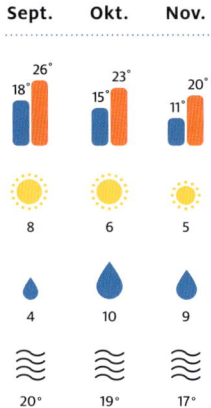

Es wird wieder ruhiger, die Preise purzeln. Für Menschen, die gerne noch im Meer baden und milde Tage und Abende genießen möchten, ist der Oktober die schönste Zeit. Bis in den November hinein ist noch mit Tagestemperaturen von über 20 °C zu rechnen. Allerdings regnet es nun auch deutlich öfter als im Sommer, nämlich an rund zehn Tagen im Monat. Dementsprechend begrünt sich die Landschaft. Gerne wird von einem »kleinen Frühling« gesprochen, wenn sich nach den ersten Regenfällen überall Blüten zeigen. Pünktlich zum Herbstbeginn treffen Zugvögel aus Nord- und Mitteleuropa ein. Manche fliegen über das Cabo de São Vicente hinweg weiter nach Afrika – ein Megaevent für Hobby-Ornithologen. Andere bleiben zum Überwintern in den Feuchtgebieten der Algarve. Nachdem sich die drückende Sommerhitze verzogen hat, hält es die Urlauber nicht mehr nur an den Stränden. Die Zeit der Ausflüge ins Hinterland ist angebrochen. Überall gibt es etwas zu sehen. Für die Bewohner der Algarve ist jetzt Erntezeit. Auf den Wochenmärkten borden die Stände schier über vor allerlei Obst und Gemüse. Mandeln und Feigen sollten bis spätestens Ende September von den Bäumen geholt werden. Im Hinterland wird die Olivenernte eingefahren. Nach getaner Arbeit füllen sich die kleinen Lokale in den Ortschaften, wo man sich unter die Einheimischen mischen und die Spezialitäten der Region probieren kann.

BESTE REISEZEIT

WINTER

Die ruhige Jahreszeit mit vielen sonnigen Tagen ist ideal zum Wandern.

Preisgünstiger als jetzt lässt sich an der Algarve nicht Urlaub machen. Zum Baden ist es zwar zu kalt, doch kann man eine Menge unternehmen. Inzwischen ist ganzjährig Saison, allerdings hält sich der touristische Andrang in den Wintermonaten in Grenzen. Besonders Wanderer und Radfahrer nutzen die kühlere Jahreszeit. Mit einem Neoprenanzug bekleidet kommen auch Surfer und Taucher auf ihre Kosten. In der Adventszeit duftet es überall nach Backwaren. Ein reich mit kandierten Früchten und Nüssen dekorierter »bolo rei« (Königskuchen) gehört für die Portugiesen zum Weihnachtsfest unverzichtbar dazu. Überall in den Konditoreien wird er angeboten, ebenso wie süße Mandeltörtchen, Feigenkonfekt und andere Leckereien. Schon ab Januar können an der Küste Frühlingsgefühle aufkommen. In den Klippen der Felsalgarve sprießen die ersten Blüten der Mittagsblumen. Die Sandalgarve erinnert mit ihrer Watt- und Dünenlandschaft an die Nordsee. Zu Jahresbeginn kann man hier bei sanften Tagestemperaturen um 16/17 °C lange Spaziergänge unternehmen. Im Schnitt alle drei Tage ist im Winter mit Regen zu rechnen. Doch dafür entschädigen die übrigen, sonnigen Tage allemal, an denen man im Straßencafé sitzt oder sich an den nun fast menschenleeren Stränden in den warmen Sand lümmelt. Niemals ist die Luft klarer als jetzt, beste Bedingungen zum Fotografieren also und zum Genießen der Ausblicke von den vielen Aussichtspunkten. Der Februar ist die Zeit der Mandelblüte. Im Hinterland beginnen sich die Hügel mit den Blüten von Narzissen, Iris und Wildorchideen zu überziehen. An den Zitrussträuchern in den nun grünen Tälern leuchten Orangen, Mandarinen und Zitronen um die Wette. Zugleich zeigen sich schon neue Blüten, die bis zur nächsten Weihnachtszeit zu ausgewachsenen Früchten heranreifen.

	Dez.	Jan.	Feb.
	17° / 10°	16° / 8°	17° / 9°
☀	4	4	5
💧	9	10	8
≈	16°	15°	15°

Mandelbäume blühen bereits im Januar

SO SCHMECKT'S AN DER ALGARVE

Rustikale Küche nicht nur aus dem Meer

Echte Gourmetküche ist an der Algarve selten, aber die eher rustikalen Gerichte munden und kommen meist in Riesenportionen daher. Sogar im internationalen Vergleich sind Kuchen und Desserts spitze.

FISCH – FRISCH ODER HALTBAR

An der Küste werden natürlich Fisch und Meeresfrüchte gespeist, die in der Regel ohne große Schnörkel auf den Teller kommen. Auf die Köstlichkeiten aus dem Atlantik spezialisierte Restaurants führen oft den Namenszusatz »Marisqueira«. Schon ein paar Kilometer landeinwärts war frischer Fisch früher nicht zu bekommen. Auch wenn heute die Kühlwagen der Fischverkäufer jedes noch so entlegene Dorf abklappern, ist der ohne Kühlung haltbare »bacalhau« (Stockfisch) noch sehr verbreitet. 365 Rezepte kennt die portugiesische Hausfrau, für jeden Tag des Jahres eines, sagt ein Sprichwort. Obwohl »bacalhau« vor der Zubereitung gewässert wird, schmeichelt er mit seinem eigenwilligen Geschmack nicht jedem Gaumen.

Straßenlokale in Faro servieren Fisch und andere Schätze aus dem Atlantik

TRENDIGE HÄPPCHEN

Angesagt sind »petiscos«, die den spanischen Tapas ähneln. Jahrelang fast in Vergessenheit geraten, werden sie nun in den beliebten »Tascas« wieder häufig aufgetischt. Viele dieser traditionellen Lokale werden derzeit, dem Zeitgeist entsprechend, aufgehübscht. Bei den »petiscos« ist Authentisches, Regionales gefragt, gerne kreativ verfeinert: etwa Pastetchen mit »alheira« (Geflügelwurst mit Brot und Knoblauch) oder Kichererbsenpüree mit Rosmarin. Auch Klassiker wie Stockfischkroketten, Entenmuscheln oder schlicht und einfach geräucherter Schinken und Käse werden als Appetithäppchen gerne genommen. Mehrere davon können ein Mittag- oder Abendessen locker ersetzen. Sogar Starköche begeistern sich für den Trend. Leonel Pereira bekocht im Restaurant São Gabriel in Quinta do Lago eine anspruchsvolle Gästeschar mit ausgefeilten Menüs. In Faro, ließ er wissen, kehrt er oft in der Tasca do João (Largo Pé da Cruz 27) ein, einer für »petiscos« bekannten Kneipe, wo der Tintenfisch nach einem alten Familienrezept zubereitet wird.

»Petiscos« sind die portugiesische Variante der Tapas

GETAFELT WIRD MITTAGS

Apropos Mittagessen: Es ist für viele Portugiesen die wichtigste Mahlzeit des Tages. Gefrühstückt wird allgemein ja eher spärlich, mit einer großen Kanne Muckefuck (Kaffee aus Zichorie und Gerste) und etwas Weißbrot mit Marmelade. So bringt man mittags einen ordentlichen Hunger mit, um sich den beliebten Eintöpfen oder großen Fleisch- und Fischportionen, die von Kartoffeln und Reis begleitet werden, zu widmen. Vegetarische Hauptgerichte werden nur selten angeboten. Überhaupt spielt Gemüse eine untergeordnete Rolle, taucht meist püriert in Vorsuppen auf. Ein Gläschen Wein oder auch zwei gehören – neben dem verbreiteten stillen Wasser (»água sem gas«) – fast immer dazu, was später auch für das Abendessen gilt. Bei diesem handelt es sich ebenfalls um eine warme Mahlzeit, die meist zu Hause eingenommen wird. Anlässlich von

SO SCHMECKT'S AN DER ALGARVE

Die Knoblauchwurst »chouriço« kann man auf einem kleinen Tischgrill flambieren

Restaurantbesuchen gönnt man sich dabei aber auch schon einmal etwas Besonderes, etwa eine »cataplana«. Das typische algarvische Gericht aus dem Kupfertopf enthält meist Venusmuscheln, »chouriço« (Knoblauchwurst), Paprika und Tomaten, dazu als i-Tüpfelchen ein paar Riesengarnelen. Alles wird gemeinsam schonend gegart. Den letzten Pfiff geben Blätter vom Koriander, dem allgegenwärtigen Gewürzkraut, das wohl die Mauren an der Algarve einführten.

DER SÜSSE ZAHN

Auch der Ursprung vieler Süßigkeiten ist im arabischen Raum zu suchen. Bis heute hat die »sobremesa« (Nachtisch) bei den Algarvios einen enorm hohen Stellenwert, wobei die Portionsgröße sogar diejenige des Hauptgerichts übertreffen kann. Als Zutaten sind oft Mandeln, Feigen und Orangen mit von der Partie. »Arroz doce« (Milchreis) wird in maurischer Tradition dick mit Zimt bestreut, dem »queijo de figo« – eine Art Feigenbrot – verleihen Anis und Zitronenschale das orientalische Aroma. Auch zwischendurch gönnt man sich gern etwas Süßes. In jedem halbwegs größeren Ort gibt es ein oder zwei Traditionscafés, die exzellente Konditorwaren, Pralinen und Marzipan herstellen. In den Gebirgsregionen sind Rührkuchen beliebt, etwa der »bolo de mel« mit Honig oder der »bolo de noz« mit Walnüssen. Dazu muss es natürlich ein Kaffee sein, diesmal kein Muckefuck, sondern einer aus der Espressomaschine.

Auch Speiseeis hat an der Algarve eine lange Tradition. Viele »Gelatarias« (Eisdielen) produzieren selbst und schöpfen oft aus einem Fundus von über 100 Rezepten. Etwa António Caixinha aus Armação de Pêra, der seit 2013 die Marke N'Ice Cream kreiert, die es inzwischen in verschiedenen Ferienorten der Algarve zu kosten gibt. »Handwerklich gefertigtes Eis hat eine bessere Konsistenz, ist cremiger und schmackhafter als Industrieware«, versichert er. Sein Sortiment umfasst so ungewöhnliche Geschmacksrichtungen wie Johannisbrot oder Süßkartoffel.

In aller Munde

Piri-Piri oder »Pfeffer-Pfeffer«
Nirgendwo darf die feurige Würzsauce Piri-Piri fehlen, meist wird sie automatisch zum Essen gereicht. Viele Restaurants und Privathaushalte bereiten sie selbst zu. An allen Marktständen der Algarve hängt die gleichnamige Grundzutat: kleine rote Pfefferschoten, an der Luft getrocknet und auf Schnüre gefädelt. Diese Chilisorte kam wahrscheinlich aus der ehemaligen Kolonie Mosambik nach Portugal. Auf Swahili bedeutet Piri-Piri einfach »Pfeffer-Pfeffer«. Ein festes Rezept gibt es nicht. Die Schoten werden pulverisiert und mit Speiseöl, Essig oder Zitronensaft, Zwiebeln, Knoblauch, Salz und Kräutern nach Geschmack – etwa Lorbeer oder Oregano – verrührt. Als Königsdisziplin aller Zubereitungen mit der höllisch scharfen Sauce gilt »frango piri-piri«. Hähnchenteile werden dazu vor dem Grillen mehrere Stunden in der Sauce mariniert. Empfindliche Naturen bestellen das Grillhuhn lieber ungewürzt und bepinseln es erst bei Tisch mit der Marinade. Aber Vorsicht, besser zu Beginn in kleinen Mengen testen!

Tipp: Zu kaufen gibt es die auch als Mitbringsel gut geeignete Sauce in jedem Supermarkt. Ausschließlich natürliche Zutaten verwendet etwa der Hersteller Quinta d'Avó. Die Chilischoten stammen aus eigenem Anbau des Familienbetriebs.

Piri-Piri-Soße ist sehr scharf – am besten in kleinen Mengen testen

EINKAUFSBUMMEL

Marktstände wie hier in Lagos bieten eine Vielfalt an Textilien und Accessoires

Handwerkskunst vom Markt

Auf den Märkten der Algarve werden alle Sinne angesprochen. Unbeschwertes Shopping findet überall in den vielen kleinen Läden statt. Aus dem Hinterland kommen besondere handwerkliche Produkte.

In Cachopo gleicht das Atelier der beiden verbliebenen Woll- und Leinenweberinnen einem Museum. Mit flinken Händen fertigen sie bunte Decken und Sets. Gleich nebenan kann man sich einen Korb geben lassen – vom letzten Korbflechter weit und breit. Aus Monchique kommen edle Scherenstühle. Aus Nussbaumholz gefertigt, wussten schon die Römer die so praktischen wie schönen Klappstühle zu schätzen. Auch Strickwaren, Schaffelle und Eukalyptusöl sind typisch für die Serra de Monchique, außerdem Kulinarisches wie Gebirgshonig, Schinken und Wurstwaren.

Unter den Markthallen ragen diejenigen von Loulé und Olhão heraus. Zum Mitnehmen nach Hause eignen sich dort neben Mandeln, Feigen und Chilischoten auch die handgefertigten kleinen Käse. Das Keramikzentrum der Algarve ist Porches, wo sich die Manufakturen für bunt glasierte Vasen, Teller und andere dekorative Teile reihen. Im Nachbarort Lagoa befindet sich die größte Weinkellerei der Region. Nicht vergessen werden dürfen die Artikel aus Kork, die überall angeboten werden. Klassisch sind Untersetzer, riesig ist das Sortiment an Accessoires (S. 88).

Spanische Ausflügler kaufen gerne in der Grenzstadt Vila Real de Santo António ein, nämlich hochwertige und zugleich preisgünstige Heimtextilien und Küchengeräte aus portugiesischer Produktion.

Das perfekte Souvenir

Löffel aus Olivenholz

Von den kleinen Dessertlöffeln aus Olivenholz behaupten die Algarvios, sie würden jede Nachspeise noch delikater machen. Denn Holz schmecke einfach angenehmer als Plastik oder Metall. Und die größeren Kochlöffel, die man in der Küche immer gebrauchen kann, sind deutlich haltbarer als ihre Pendants aus Buchen- oder Ahornholz. Um flüssigen Honig zu schöpfen, ist der »colher de mel« (Honiglöffel) ideal. In vielen Hotels wird er beim Frühstücksbuffet benutzt. Eigentlich ist der Name irreführend, denn seine Form, mit mehreren tiefen Rillen am verbreiterten Ende, weicht gänzlich von der eines üblichen Löffels ab, weshalb auch von Honigheber gesprochen wird.

Solche und andere Küchengerätschaften aus Olivenholz werden im Hinterland der Algarve noch hier und da geschnitzt und auf Märkten verkauft. Jedes Teil ist ein Einzelstück, dank unterschiedlicher Maserung und kleinen Abweichungen, wie sie für echte Handarbeit typisch sind. Seine Unverwüstlichkeit verdankt Olivenholz nicht nur seiner Dichte, sondern auch der Resistenz gegen Fäulnis und Pilzbefall. Weder nimmt es Gerüche an, noch quillt es in Wasser auf. Bakterien haben wegen der aseptischen Eigenschaften keine Chance, weshalb auch hygienische Bedenken entfallen. In der Werkstatt werden die Artikel mit Öl eingerieben, um das Holz vor dem Brüchigwerden zu schützen. Zu Hause sollte man diese Prozedur dann und wann wiederholen. Und die Spülmaschine ist absolut tabu – gereinigt wird nur schonend von Hand.

Der »colher de mel« ist ein Honigheber (links unten) – Löffel aus Olivenholz halten lange (rechts unten)

MIT DER FAMILIE UNTERWEGS

Vergnügen am, im und rund ums Meer

Die Algarve ist ein Familienparadies. Da die Portugiesen allgemein sehr kinderfreundlich sind, steht einem gelungenen Urlaub nichts im Weg. Attraktionen für die Kids sind reichlich vorhanden.

URLAUBSKASSE

So gut wie alle Sehenswürdigkeiten und Attraktionen gewähren Kinderermäßigungen auf den Eintrittspreis. Der Rabatt beträgt bis zu 50%. Besuche in Wasser- und Vergnügungsparks können bei Preisen zwischen 20 und 30 € für Erwachsene und 10 bis 20 € für Kinder dennoch ein großes Loch in die Urlaubskasse reißen. Manchmal gibt es günstige Familienkarten, die meist aber erst ab vier Personen lohnen. Auch Bootsausflüge gehen mit um 35 € für Erwachsene und 20 € für Kinder ziemlich ins Geld. Die Ermäßigungen gelten in der Regel für Kinder zwischen vier und zehn Jahren. Manchmal wird der Rabatt auch von der Körpergröße (z. B. unter 1 m) abhängig gemacht. Ganz kleine Kinder haben, sofern sie zugelassen sind, freien Eintritt. Ältere oder größere Kinder zahlen den vollen Preis. In Mu-

Um Lagos locken Strände für jeden Geschmack

seen gibt es manchmal gestaffelte Preise, wobei zwischen Kindern, Jugendlichen und Erwachsenen unterschieden wird.

ÜBERNACHTEN MIT KINDERN

Immer öfter wird zwischen Hotels nur für Erwachsene (»adults only«) und Familienhotels unterschieden. Letztere sind speziell auf Kinder aller Altersgruppen eingestellt. Sie stellen Kinderbetten und Familienzimmer zur Verfügung und integrieren in ihre Poollandschaften Planschbecken und Spielplätze. Auf Wunsch werden Babysitter vermittelt, und größere Anlagen bieten auch Betreuung von kleineren Kindern sowie Animationsprogramme für größere Kids an, damit Eltern bzw. Großeltern einmal ihrer eigenen Wege gehen können. Familien fühlen sich aber auch in Ferienwohnungen und -häusern wohl. Diese werden in den verschiedensten Größen reichlich an der Algarve angeboten. Dabei sind Häuser mit eigenem Pool für die Kids der ganz große, wenn auch etwas teurere Hit. Reiseveranstalter gewähren Kindern von zwei bis elf Jahren etwa 20 % Ermäßigung auf Flug und Unterkunft. Die Kleinsten reisen gratis.

Ein Ferienhaus mit Pool ist für Kinder das Größte

STRAND UND MEHR

Überall gibt es wunderbare Strände. Aber nicht alle sind für Familien gleichermaßen gut geeignet, denn beim Baden im Atlantik ist eine gewisse Vorsicht angebracht. So empfehlen sich die stärker der Brandung ausgesetzten Strände der Westküste eher für Familien mit Teenagern, die dort dem beliebten Wellenreiten frönen können. Dies gilt auch für die Felsalgarve westlich von Lagos. An der Meia Praia bei Lagos können ältere Kinder das Segeln mit Optimisten oder Katamaranen erlernen. Beste Schnorchelmöglichkeiten bestehen an der Ponta da Piedade und an vielen anderen Stellen der Felsalgarve. Kleinere Kinder sind dagegen am besten an der Sandalgarve mit ihren flachen, weniger exponierten Stränden aufgehoben, etwa auf der Ilha da Tavira oder am Strand von Monte Gordo. Alle wichtigen Badestrände sind in der Saison bewacht und mit der üblichen Infrastruktur (Sanitäranlagen, Strandlokale) versehen.

Gute Hotels mit Familienapartments
Dom Pedro Portobelo in Vilamoura (www.dompedro.com) und Formosa Park Hotel in Vale do Lobo (www.formosaparkhotel.com)

KLEINE UND GROSSE ABENTEUER

Wasserparks sind der große Renner, allen voran Aquashow bei Quarteira (S. 79) und Slide & Splash bei Lagoa (S. 128). Neben allerlei Rutschen werden viele weitere Attraktionen geboten. Der größte Familienvergnügungspark der Region ist jedoch Zoomarine bei Guia (S. 124), eine Kombination aus Meereszoo, Wasserpark und Kirmes. Wer einen Tiergarten bevorzugt, kommt im Zoo de Lagos (S. 147) auf seine Kosten. Mit Affen, Raubkatzen und Reptilien ist er vor allem für ältere Kinder interessant. Natürlich stehen auch Bootsfahrten ganz oben auf der Liste, etwa ab Portimão mit dem Piratenschiff »Santa Bernarda« oder zur Wal- und Delfinbeobachtung, die ab Portimão und Ferragudo angeboten wird. Mit älteren Kindern und Teens kann man Seekajaks mieten und die Grotten der Felsalgarve erkunden.

NATUR UND KULTUR FÜR KIDS

Bei den Naturerlebnissen steht an erster Stelle das Sammeln von Muschelschalen. Die langen Sandstrände liefern eine schier unendliche Fülle davon. Auch die Lagunen der Ria Formosa sowie bei Castro Marim und Alvor ermöglichen jede Menge Naturabenteuer. Dort sind zahlreiche Seevögel zu beobachten, darunter so auffällige wie Weißstörche und Rosaflamingos. In der Ria Formosa werden sogar Beobachtungsexkursionen per Boot durchgeführt. Auch Museumsbesuche müssen nicht langweilig sein. Hier sticht das Museu de Portimão (S. 137) hervor, in dessen Souterrain ein geheimnisvolles Schiffswrack mit Filmaufnahmen von Fischen und Tauchern zu besichtigen ist.

Sammelspaß am Strand

SCHNEEWITTCHENTELLER

Ein spezieller Kinderteller steht an der Algarve nur selten auf der Speisekarte und wenn, dann eher dort, wo vorwiegend Touristen einkehren. In den größeren Ferienhotels gibt es in der Regel keine Probleme,

MIT DER FAMILIE UNTERWEGS

denn diese servieren das Halbpensions-Abendessen fast durchweg in Buffetform. Oft finden sich dort auch Speisen, die Kinder gerne mögen, etwa Pizza und Pasta. Für die ganz Kleinen stehen in den Hotels Hochstühle zur Verfügung. Ganz anders sieht es in den authentischen einheimischen Restaurants aus. Portugiesische Kinder werden in der Regel schon von klein auf an das Essen der Erwachsenen gewöhnt. Die Jüngeren bekommen von der Portion ihrer Eltern etwas ab, ein Extrateller wird auf Wunsch gerne gebracht. Für die Älteren kann man oft eine »meia dose« (halbe Portion) bestellen.

Im Museu de Portimão wird Kindern nicht so schnell langweilig

Leuchtende Augen

Ein Minigolfplatz der besonderen Art ist **Adventure Golf Alvor - The Lost World**. Große und kleine Kinder haben ihre Freude an den 18 Löchern, die zu bewältigen sind. Durchgängiges Thema sind die Saurier. Mal rollt der Ball zwischen schaurig aus dem Boden ragenden Knochen daher, mal bleckt ein Gigantosaurus seine furchterregenden Zähne. Ein Saurier streckt seine Klauen aus, ein anderer turnt auf einem Jeep herum, ein Jungtier schlüpft aus dem Ei. Zwei Stunden sollte man durchaus für den Spaßparcours einplanen. Im Anschluss mundet ein Eis auf der gepflegten Café-Terrasse mit Blick über die Anlage.

Beco da Amoreira, *Alvor, Tel. 282 09 60 92, www.adventuregolfalvor.com, Sommer tgl. 10–22, Winter 10–20 Uhr, 10 €, erm. 6 €, Familienkarte 28 €*

SURFEN AN DER ALGARVE

Die perfekte Welle

Die Surfspots an der Westküste der Algarve zählen zu den besten Europas. Aber auch anderswo in der Region stürzen sich Wellenreiter in die Brandung, etwa bei Lagos oder an der Praia da Falésia. Über 50 hervorragende Plätze stehen zur Wahl.

VON DEN ANFÄNGEN

Junge Portugiesen lieben diesen Sport und betreiben ihn das ganze Jahr über. Entstanden ist er eigentlich auf Hawaii, wo er schon von den polynesischen Ureinwohnern praktiziert wurde. Als James Cook 1778 auf der Inselgruppe landete, konnte er die Menschen dabei beobachten. Christliche Missionare, die im 19. Jh. nach Hawaii kamen, waren allerdings gar nicht begeistert. Mit allen Mitteln versuchten sie, das Wellenreiten auszurotten, das sie als heidnisch und unsittlich – Männer und Frauen surften gemeinsam und leicht bekleidet – ansahen. Doch es überlebte, erfuhr in den 1950er-Jahren in den USA eine Renaissance und kam bald auch nach Europa.

Die Westküste bietet viele schöne Surfspots, z. B. Carrapateira

SURFEN AN DER ALGARVE

SO WIRD RICHTIG GESURFT

Früh aufstehen, heißt die Devise. Viele Surfer stellen den Wecker auf 5 oder 6 Uhr, denn morgens herrschen Offshore-Bedingungen, der Wind weht also von Land her, bevor er tagsüber um 180 Grad dreht. Die Wellen bauen sich dann zu regelrechten Wasserwänden auf, während sie von Onshore-Wind eher plattgedrückt werden. Dementsprechend beginnt in Surfcamps die Nachtruhe oft schon um 22 Uhr. Am Strand angekommen, wird zunächst nach »channels« Ausschau gehalten, durch die das von der Brandung herangedrückte Wasser wieder abfließt. Durch diese Kanäle gelangen die Surfer zum »line-up«, dem Bereich, wo sie auf die Wellen warten, die sich dort normalerweise noch nicht brechen.

Surfen ist nichts für Angsthasen ...

Anfänger surfen gerne an Stränden. Wenn etwas schiefgeht, ist die Landung relativ weich. Solche Reviere nennt man Beachbreak. Allerdings liegt der »peak«, also der Punkt, an dem sich die Wellen brechen, über Sandbänken nicht immer an derselben Stelle, weshalb es gar nicht so einfach ist, einen »channel« oder eine gute Ausgangsposition im »line-up« zu finden. Deshalb bevorzugen Fortgeschrittene die Reefbreaks, wo sich Wellen über Felsriffen brechen. Durch das plötzliche Abbremsen bauen sie sich sehr hoch auf.

GUT GERÜSTET?

Wer surft, sollte beweglich sein. Es ist also wichtig, sich schon zu Hause entsprechend vorzubereiten. Vor Ort sollte die Ausrüstung regelmäßig kontrolliert werden, etwa ob die Finnen fest am Surfboard sitzen. Routiniers haben stets ein ganzes Set davon dabei, um die passenden Finnen für die jeweiligen Bedingungen auswählen zu können. Neoprenanzüge können die Verletzungsgefahr minimieren.

Im »line-up« gilt es, auf Strömungen zu achten, die unaufmerksame Surfer auf Klippen drücken könnten. Weißwasser hingegen, also brechende Wellen, bringen einen immer an den Strand – wenn auch nicht immer stehend auf dem Brett. Wer in der Welle stürzt, wird »gewaschen«, wie Insider sagen. Das kann vor allem

SURFEN AN DER ALGARVE

Towsurfer
Die Extremsportler unter den Surfern zieht es bei Sturm aufs Meer. Haushohe Wellen rollen an die Algarve aber nur selten an.

an Reefbreaks richtig gefährlich werden. Dort ist es unabdingbar, die Gezeiten zu beachten. Bei Niedrigwasser reichen tückische Felsen oft bis an die Wasseroberfläche. Besser also die Flut abwarten und bei Hochwasser surfen. Auch sollte man sich genau über die Beschaffenheit des Riffs informieren, ob es scharfe Kanten hat oder ob dort stachelige Seeigel wachsen. Überhaupt hat jeder Surfspot seine bestimmten Gefahren, über die man sich kundig machen sollte. Das können auf Sandböden etwa auch Petermännchen (»peixe aranha«) sein: Die giftigen Stacheln der kleinen Fische sind gefürchtet; Surfschuhe beugen vor.

DIE BESTEN SPOTS

Das absolute Surferparadies der Algarve ist die Praia do Amado (S. 159). Der lange, unverbaute Strand an der Westküste bietet wunderbare Beachbreaks; die Wohnmobile der Wellenreiter parken in den Dünen, man fachsimpelt und ist quasi unter sich. Um den Sport zu erlernen, sind die Bedingungen ideal, weshalb sich mehrere Surfschulen hier niedergelassen haben. Diesem Idyll macht höchstens noch die Praia da Arrifana (S. 160) Konkurrenz, an der die Wellen meist etwas niedriger sind. Draußen am Riffbreak versuchen sich die Fortgeschrittenen, während Anfänger in Strandnähe ein geschütztes Revier finden. Stärker dem Nordwind ausgesetzt sind bei Vila do Bispo die Praia da Cordoama und die benachbarte Praia do Castelejo. Hier kommen die besten und höchsten Wellen für erfahrene Surfer an, doch wegen des felsigen Untergrunds sollte man sich einem ortskundigen Surflehrer anvertrauen. Als harmloser gelten die Strände der Südküste. Hier hat es aber die Praia de Tonel (S. 155) bei Sagres mit ihren verborgenen Felsen durchaus in sich. Auch die Praia de Porto de Mós bei Lagos (S. 143), die bei Nordwind gut funktioniert, ist nur eingeschränkt ein Anfängerrevier. Bei Südostwind gefragt sind die Meia Praia, ebenfalls bei Lagos (S. 142), und die Strände der Ilha de Tavira (S. 106). Ordentliche Wellen beschert der Südwestwind der Praia da Falésia (S. 122).

Surfbrett ist nicht gleich Surfbrett

SURFCAMPS – UNTER GLEICHGESINNTEN

Wohnen im Surfcamp ist auch ein Stück Lifestyle. Gemeinsames Kochen, inspirierende Gespräche und gute

SURFEN AN DER ALGARVE

Surfanfänger finden an der Praia da Arrifana ein geschütztes Revier

Laune gehören dazu. Beispiele sind Wave Culture in Burgau mit eigener Surflodge (www.surfing-algarve.com) und Algarve Surf School mit Schulung an der Praia do Amado und Surfer-Hostels in Sagres und Lagos (www.algarvesurfschool.com).

Expertenrat

Wer hätte gedacht, dass Wellenreiter auch seekrank werden? Die erfahrene Surferin Freya gibt auf ihrem Blog (www.evenmoreplaces.de/seekrankheit-beim-surfen-tippstricks) Tipps, um Übelkeit und Schwindel zu vermeiden: »Bei mir persönlich hat die Seekrankheit gar nicht so viel mit der Höhe der Wellen zu tun«, erklärt mir Freya. »Problematisch wird es an manchen Tagen, wenn der Ozean ein einziges Durcheinander ist und sich die Wellen gefühlt wahllos irgendwo brechen.« Unter Surfern wird ganz offen mit dem Problem umgegangen: »Sogar mein ehemaliger Surflehrer hat mal gesagt, dass es ihm manchmal auch so geht«, verrät Freya. Ihren ersten richtigen Surfkurs hat sie übrigens in einem Surfcamp an der Westalgarve verbracht. »Es war eines der besten Dinge, die ich je erleben durfte. Ich könnte stundenlang von dieser Reise erzählen.«

Anfänger und Fortgeschrittene
Für Anfänger sind die kleinen Sommerwellen ideal. Erfahrene Surfer kommen aber lieber zwischen Okt. und April an die Algarve.

KUNSTGENUSS

Auch das senegalesische Orchestra Baobab trat schon an der Algarve auf

Wie der Jazz an die Algarve schwappte

Jazz hat an der Algarve wie in ganz Portugal einen besonderen Stellenwert. Eine lebendige Szene von Musikern und Fans sorgt dafür, dass sich Konzerte vor allem im Sommerhalbjahr häufen.

Der Jazz in Portugal feierte schon sein hundertjähriges Bestehen. 1916 wurde sein Vorläufer Ragtime vom Journalisten und Diplomaten Alfredo de Mesquita erstmals in dem Buch »A América do Norte« (Nordamerika) erwähnt. In den 1920er-Jahren drang Jazz ganz allmählich ins Bewusstsein der Bevölkerung. Im Kino tauchte er als Filmmusik auf, auch in einheimischen Produktionen. Junge Menschen fanden sich in privatem Rahmen zusammen, hörten Schallplatten, tauschten sie, diskutierten darüber und griffen vielleicht auch selbst zu Trompete, Saxofon oder Klarinette. Die ersten Musiker waren Autodidakten, spielten in ihrer Freizeit. Jazz avancierte zum gesellschaftlichen Phänomen.

KUNSTGENUSS

Allerdings gab es auch Gegenströmungen. Während der Zeit der Diktatur ab 1932 wurde eine Folklorisierung der Musik angestrebt, und internationale Musikströmungen wurden eher misstrauisch beäugt. Dies verzögerte die Verbreitung des Jazz in Portugal.

PORTUGIESISCHER JAZZPIONIER

Nach dem Zweiten Weltkrieg kam dann Dynamik in die Entwicklung. Treibende Kraft war Luís Villas-Boas (1924–1999), der dafür sorgte, dass im Land über Jazz gesprochen wurde und mit dem Hot Clube de Portugal in Lissabon ein Jazzclub entstand, der von 1950 bis 2009 ununterbrochen in Betrieb war. »Jazz ist ein Lebensstil. Er sollte zur rechten Zeit und live gehört werden«, erzählte er in einer Filmdokumentation. Villas-Boas wollte den »authentischen« Jazz fördern, publizierte Zeitungsartikel, machte Radio- und Fernsehprogramme, organisierte Jamsessions und rief Festivals ins Leben, zu denen er Musiker aus dem Ausland einlud. 1957 nahm Domingos Vilaça die erste Schallplatte mit Jazzmusik auf. Schulen wurden gegründet, die Ausbildung wurde professionalisiert.

Das Orquestra de Jazz do Algarve ist das große Jazzorchester der Region

Jazzkonzerte drinnen und draußen

Open-Air-Konzerte des **Orquestra de Jazz do Algarve** (www.facebook.com/orquestrajazzalgarve) finden im Sommer in Stadtgärten und an Stränden statt.
Algarve Jazz Gourmet Moments (www.algarvejazzgourmetmoments.pt): In Lagos tritt das Orchester gemeinsam mit internationalen Musikern auf, Restaurants bieten passend dazu spezielle Gerichte an.
Festival Jazzminde (www.facebook.com/jazzminde): Jazzanhänger zieht es Anfang Juni nach Loulé.
Algarve Smooth Jazz Festival (www.algarve.smoothjazzfestival.de): Im Oktober lädt das Resort Vila Vita Parc in Porches zu Jazzgenuss.
Jazz ist auch in **Johnny Hooper's Saxophone Bistro** (Albufeira, Rua Almeida Garrett 30) und im **Jazzcafé Cantaloupe** (Olhão, Außenseite der Gemüsemarkthalle, www.facebook.com/cantaloupe.jazz.cafe) regelmäßig zu hören.

KUNSTGENUSS

JAZZ GOES ALGARVE

An der Algarve kam der Jazz erst relativ spät an. Lange Zeit war er vorwiegend zwischen Lissabon und Porto zu hören. Aber allmählich sickerte die Begeisterung in andere Landesteile, und die touristische Entwicklung im Süden tat ein Übriges.

Der einheimische Ausnahmemusiker Hugo Alves (s. Kasten rechts) trug wesentlich dazu bei, dass auch die Algarvios sich immer mehr für Jazz interessierten. 2005 entstand das einzige große Jazzorchester der Region, das Orquestra de Jazz do Algarve (OJA), das sich vor vergleichbaren Orchestern in anderen Landesteilen nicht zu verstecken braucht. Seine Big Band, die sich aus rund 17 Musikern zusammensetzt, hat schon Hunderte von Konzerten im In- und Ausland gegeben. Im angeschlossenen Atelier für Jazz und moderne Musik (AJMMA) werden regelmäßig um die 25 Schüler ausgebildet.

Maria João ist die weibliche Stimme des portugiesischen Jazz

NEUE GENERATION, NEUE EXPERIMENTE

Gerade übernimmt eine neue Generation den portugiesischen Jazz, von knappen Ressourcen lässt sie sich nicht einschüchtern. Man improvisiert mit Begeisterung, ohne sich Grenzen zu setzen. Gern wird etwa gemixt. Blues und Rock nehmen Elemente des Jazz auf oder bereichern diesen ihrerseits. Auch aus dem Umkreis des OJA gehen interessante Gruppen hervor, so The Messy Band, die sich dem Trad Jazz (traditioneller Jazz) verschrieben hat. Die Band greift Originalklänge aus New Orleans und Dixieland auf, wie sie vor 100 Jahren üblich waren. Damit schließt sich der Kreis. The Messy Band jazzt nicht nur auf der Bühne, sondern auch mal spontan auf der Straße. Zu den üblichen Instrumenten tritt das altmodische, einer Tuba ähnelnde Sousafon. Und eine weibliche Stimme – trotz der Jazzikone Maria João im portugiesischen Jazz immer noch die Ausnahme – bringt Abwechslung ins Geschehen.

Hugo Alves, ein Mann mit vielen Begabungen

Als Siebenjähriger trat Hugo Alves 1980 dem Stadtorchester von Lagos bei. Zum Jazz kam er allerdings erst elf Jahre später in Faro, wo er gemeinsam mit anderen jungen Musikern eine Band gründete. Heute zählt er zu den bekanntesten Jazztrompetern ganz Portugals. Außer der Trompete spielt er auch das Flügelhorn, beides entweder als Solist oder als Leadmusiker. Außerdem komponiert er, organisiert Festivals und leitet das von ihm ins Leben gerufene Orquestra de Jazz do Algarve (OJA). Auch international ist er erfolgreich. So konnte er 2001 unter der Leitung von Laurent Filipe in der Big Band zu Ehren von Louis Armstrong musizieren. Ein besonderes Anliegen ist ihm der Jazzunterricht. Er machte sich stark für das Projekt »Jazz in der Schule«, das in Zusammenarbeit mit dem Bildungsministerium und den Gemeinden der Algarve Theorie und Praxis des Jazz in den Unterricht bringt. Heute ist er stolz darauf, nach seinen Konzerten von ehemaligen Schülern angesprochen zu werden. Seiner Meinung nach kommt der Musikunterricht in den portugiesischen Schulen viel zu kurz. Trotz des engen Terminplans probiert Hugo Alves immer wieder Neues. So machte er etwa Furore mit dem Duett »Morphosis«, das er gemeinsam mit dem Akkordeonspieler João Frade erstmals 2017 in verschiedenen Städten der Algarve vortrug. Sein nächstes Projekt ist das Album »Magic Stars«, sein insgesamt fünftes. Obwohl Hugo Alves schon in Lissabon und Porto lebte, ist und bleibt er vor allem ein Algarvio. »Hier fühle ich mich wohl, hier ist meine Familie«, verriet er der Journalistin Anabela Gaspar.

Ausnahmekünstler Hugo Alves

Karnevalshöhepunkte

Zur Karnevalszeit ist zwar nicht gerade Hochsaison an der Algarve. Dennoch lohnt es sich, gerade dann hier zu sein. Bei frühlingshaftem Wetter wird bunt und ausgelassen gefeiert.

Um den Carnaval de Loulé zu erleben, reisen bis zu 100 000 Menschen in die Karnevalshochburg der Algarve. Gleich an drei Tagen ziehen etwa 15 Festwagen, die von den Karnevalsvereinen monatelang entworfen und zusammengebastelt wurden, durch die Straßen. Themen aus Politik und Sport werden humorvoll aufgegriffen, ähnlich wie im rheinischen Karneval. Über einen wird immer gespottet: Cristiano Ronaldo. Drumherum haben Musikgruppen und Hunderte kostümierter Narren ihren Spaß. Auch mittelalterlich anmutende »cabeçudos« (Dickköpfe) und »gigantones« (Riesen) sind mit von der Partie. Kräftige Männer stecken in den Figuren aus Pappmaschee. Jüngere Erscheinungen sind menschliche Fernseher oder gar Emojis, bestückt mit Selfie-Sticks. Seit 1906 ist dieser Korso belegt und damit der älteste im ganzen Land. Er »zivilisierte« die zuvor ungeordnet ablaufenden Feierlichkeiten, wie es damals so schön hieß. Inzwischen ist er auch der internationalste, denn Sambaschulen der brasilianischen Einwanderer sind immer öfter dabei.

Moncarapacho kämpft dagegen die »Batalha das Flores« (Blumenschlacht). Bei den Vorbereitungen in zwei Lagerhallen stecken fleißige Hände zahllose Papierblüten einzeln an die Festwagen. Die älteste der freiwilligen Helferinnen ist seit 1943 unermüdlich dabei; sie nahm schon als Dreijährige an der »Blumenschlacht« teil. An Nachwuchs fehlt es nicht, bereits Schüler und Schülerinnen engagieren sich bei den umfangreichen Arbeiten im Vorfeld des Festes. Keiner käme auf die Idee, stattdessen in der

Der Karnevalsumzug von Loulé ist der älteste ganz Portugals

SO FEIERT DIE ALGARVE

»Konkurrenzstadt« Loulé auszuhelfen. Seit 1899 ist der Karneval in Moncarapacho historisch belegt, damals noch ohne Korso. Eine richtige Schlacht wird übrigens nicht ausgetragen. Vielmehr geht es hier darum, wer den schönsten Prunkwagen hat. Um noch einen draufzusetzen, feiert Moncarapacho jetzt auch einen »Carnaval de Verão« (Sommerkarneval) mit nächtlichem Umzug an einem Abend im August. Nicht wegen der Touristen, sondern wegen der portugiesischen Emigranten, die den Sommer in der Heimat verbringen.

Hauptsache schön bunt – junge Karnevalisten in Loulé

Der Karneval von Altura (bei Monte Gordo) zählt zu den authentischsten in ganz Portugal. Ein Höhepunkt ist der »Baile das Velhas« (Tanz der Alten), bei dem Hunderte von Menschen das Tanzbein zu traditionellen Akkordeonklängen schwingen. Auch Quarteira punktet mit Festwagen und Musikgruppen, die über die Avenida do Mar defilieren. Am Aschermittwoch enden die tollen Tage hier mit dem »Enterro do Entrudo«, einer symbolischen Beerdigung, bei der eine Puppe, die den Karneval verkörpert, auf einer Bahre herumgefahren wird. Die Veranstaltung gipfelt in der Verlesung des »Testaments« des »Verstorbenen« und anschließendem Feuerwerk.

Karnevalsumzüge

Loulé: Umzüge So, Mo, Di ab ca. 15 Uhr; am Mo ab 22 Uhr Tanzgala im Palácio do NERA
Moncarapacho: Umzüge So und Di nachm.; Fr–Di abends Maskenbälle in der Casa do Povo
Altura: Umzüge Sa, So nachm.; So abends großes Konzert
Quarteira: Umzüge So, Mo, Di ab ca. 15 Uhr; Enterro do Entrudo Mi ca. 21 Uhr
Der Höhepunkt des Karnevals ist am Faschingsdienstag erreicht. Dann sind viele Geschäfte und Büros geschlossen.

DIE ALGARVE GESTERN UND HEUTE

Von den Mauren bis zu den Touristen

Innerhalb Portugals stand die Algarve lange hinter den Metropolen Lissabon und Porto zurück. Nach Blütezeiten unter maurischer Herrschaft und in der Epoche der Entdeckungsfahrten fiel die Region in einen Dornröschenschlaf, aus dem sie erst vor einigen Jahrzehnten durch den Tourismus erwacht ist.

MAUREN UND RECONQUISTA

1249 *Die Reconquista der Region Algarve ist beendet. König Alfons III. nimmt den Titel »Rei de Portugal e do Algarve« an.*

An handfesten Zeugnissen sind aus dem Mittelalter, als die Mauren jahrhundertelang die Algarve beherrschten, jede Menge Burgen geblieben. In kleineren Orten ist das »castelo« oft die wichtigste Sehenswürdigkeit. Besondere Bedeutung erlangten die Burg der alten maurischen Hauptstadt Silves und die spätere Templer- und Christusritterburg von Castro Marim. In Silves, das 713 Teil des Umayyaden-Kalifats wurde, gab es über 20 Moscheen. Ebenso wie im Rest der Region wurden sie im Verlauf der Reconquista – der Rückeroberung durch christliche Truppen, die sich von 1189 bis 1249 hinzog – dem Erdboden gleichgemacht.

Aus maurischer Zeit stammt die Festung von Silves

DIE ALGARVE GESTERN UND HEUTE

Ein Denkmal in Lagos ehrt Heinrich den Seefahrer

Erinnerungen an die Mauren sind dafür überall an der Algarve die »azulejos« (bunte Fliesen), Schöpfräder, Kanäle und andere Reste alter Bewässerungssysteme sowie Rezepte für Mandelkuchen, Feigenbrot und weitere Spezialitäten.

DAS ZEITALTER DER ENTDECKUNGSFAHRER

Gegen Ende des Mittelalters trat die Algarve vorübergehend ins Licht der Weltgeschichte. In Lagos starteten ab 1415 etwa 40 Karavellen der portugiesischen Entdeckungsfahrer, um das nordafrikanische Ceuta sowie die Inselgruppen Madeira, Azoren und Kapverden in Besitz zu nehmen und entlang der afrikanischen Küste bis zum heutigen Sierra Leone vorzudringen. Auftraggeber dieser Expeditionen war Heinrich der Seefahrer (S. 158), der als Gouverneur über die Algarve herrschte. Der Spross aus dem Königshaus war Wegbereiter der von ihm nicht mehr erlebten Umrundung des Kaps der Guten Hoffnung 1488 und der Erschließung des Seewegs nach Indien 1498. Die Mannschaften, für die das Unternehmen oft eine Reise ohne Wiederkehr oder zumindest eine jahrelange Trennung von der Familie bedeutete, rekrutierte er an der Algarve. Mit großem Stolz zeigen die Algarvios bis heute die Baudenkmäler aus dieser Zeit.

DIE FEUDALZEIT

Gegen Ende des 16. Jh. soll an der Algarve mehr als die Hälfte der Bevölkerung aus Sklaven bestanden haben. Ähnlich wie im benachbarten Alentejo waren die Besitzverhältnisse feudal und blieben es bis weit ins 20. Jh. hinein. Die »açorda« (Brotsuppe), heute in schi-

DIE ALGARVE GESTERN UND HEUTE

In den 1950er-Jahren spielte der Fischfang an der Algarve noch eine große Rolle

1755 *Das Erdbeben von Lissabon fordert auch an der Algarve zahlreiche Menschenleben und richtet enorme Schäden an.*

cken Restaurants Kult, nährte die schwer schuftenden Landarbeiter mehr schlecht als recht. Gegenüber dem Zentrum und Norden Portugals galten die südlichen Landesteile als rückständig. Der anhaltende Niedergang der Region wurde durch die Folgen des Erdbebens von 1755 beschleunigt. Als Lichtblick ragte lediglich die Revolte von Olhão am 16. Juni 1808 als Antwort auf den Einmarsch französischer Truppen heraus. Das 20. Jh. begann die Algarve als periphere, bäuerlich geprägte Region, die von Fischfang, Fischkonservenherstellung und Erzeugung von Trockenfrüchten lebte. Heute haben diese Wirtschaftszweige keine oder nur noch eine geringe Bedeutung.

DER TOURISMUS BOOMT

1974 *Mit der Nelkenrevolution endet eine jahrzehntelange Diktatur in Portugal. Anschließend nimmt der Tourismus an der Algarve Schwung auf.*

Durch den Tourismus schwang sich die Algarve zu einem der reichsten Landesteile Portugals auf. Zu den rund 1 Mio. portugiesischen Urlaubern gesellen sich jedes Jahr um die 3 Mio. Ausländer, vorwiegend Briten, Deutsche und Spanier. Zaghafte Ansätze gab es bereits in den 1920er-Jahren, als Carvoeiro zur Sommerfrische der Wohlhabenden wurde. 1962 entstand das erste reine Ferienhotel der Region, das heute noch existierende »Vasco da Gama« in Monte Gordo. Allerdings blieb der Tourismus während der Diktatur exklusiv und auf Luxusunterkünfte beschränkt. Erst nach der

Nelkenrevolution 1974, die nach einer kurzen Übergangsphase zu den ersten freien demokratischen Wahlen in Portugal führte, erfolgte die Öffnung für breitere Schichten. Hotels und Apartmenthäuser schossen an der Küste in die Höhe, nicht immer waren sie optisch ein Genuss. Inzwischen wurde vielfach nachgebessert, dem Bauboom wurden Grenzen gesetzt, und die in den letzten Jahren gebauten Ferienanlagen sind ohnehin weitaus ästhetischer geraten.

Am Puls der Zeit

Der Sektor der Erneuerbaren Energien wächst und wächst, Portugal ist europaweit führend in diesem Bereich. Insbesondere der Bau großer Solarkraftwerke ist geplant. 2018 wurden acht Fotovoltaikanlagen mit einer Leistung von insgesamt 472 Megawatt an der Algarve genehmigt, fünf davon, darunter die größte mit 221 Megawatt, im trockensten Teil der Region zwischen Alcoutim und Martim Longo. Die Regierung will Leitungen nach Spanien finanziell fördern, um Überschüsse zu exportieren, die von dort aus nach ganz Europa weitergeleitet würden. Nicht alle sind begeistert. Manche fragen sich, ob die Fotovoltaikanlagen die Landwirtschaft verdrängen. Derweil wurden die Konzessionen zur Nutzung und Prospektion von Erdöl in den Gewässern der Algarve gekündigt. Dies bezeichnete ein Sprecher der Umweltorganisation Quercus als »Sieg der Bürger, die für eine Zukunft ohne fossile Brennstoffe, dafür aber mit alternativen und erneuerbaren Energien kämpfen«. Auch in kleinerem Rahmen wird versucht, einen Beitrag zu sauberer Energieerzeugung zu leisten. So erhielt etwa das Sommerfestival MED in Loulé das Nachhaltigkeitssiegel »Sê-lo Verde 2018«, da der Festplatz mit Strom aus Solarzellen ausgeleuchtet wurde und Essens- und Getränkestände ihre Kühlschränke, Kaffeemaschinen und Herde mit Sonnenenergie betrieben.

An der Algarve boomt die Solarenergie

ORTE, DIE GESCHICHTE SCHRIEBEN

Der stattliche Gouverneurspalast wurde in Teilen wieder aufgebaut

Der Gouverneurspalast von Lagos

Das Castelo dos Governadores in Lagos trat gleich zweimal ins Licht der Geschichte. Im 15. Jh. residierte Heinrich der Seefahrer in der Festung, 1578 war sie Ausgangspunkt eines bis heute Rätsel aufgebenden königlichen Feldzugs.

Geblieben ist nicht viel, und was erhalten ist, wurde idealisierend restauriert. Anlässlich der Feierlichkeiten zum 500. Todestag von Heinrich dem Seefahrer 1960 sollte alles in neuem Glanz erstrahlen. Treibende Kraft dahinter war der Archäologe José Formosinho. Er setzte alles daran, die alte Stadtbefestigung freizulegen, die im Laufe der Zeit im Wirrwarr eines an ihre Mauern gebauten typischen Fischerviertels verschwunden war. Dessen Häuser wurden einfach abgerissen. Was mit den Bewohnern geschah, darüber schweigen sich die Geschichtsbücher aus. Verblichene Schwarz-Weiß-Fotos aus den 1950er-Jahren zeigen die Ruine des Gouverneurspalasts, die sich in recht erbärmlichem Zustand befand. Noch um 1910, verrät ein verschwommenes Foto, hatte der Palast recht stattlich ausgesehen.
Seine erhaltenen Teile renovierte man mitsamt der vorgelagerten Bastion und baute die angrenzende Stadtmauer wieder auf. Dabei wurden zwei zinnenbekrönte Türme »wiederentdeckt«, die das zum Hafen weisende Stadttor Porta do Mar schützten. Die breite Avenida das Descobertas – heute die wichtigste Verkehrsachse

von Lagos – entstand zwischen Mauer und Fluss. Direkt vor dem Castelo dos Governadores, wo noch Mitte des 20. Jh. an Land gezogene Fischerboote lagen, wurde der Stadtpark Jardim da Constituição angelegt.

Besucher müssen angesichts des makellosen Bildes, das Burg und Stadttor heute abgeben, einige Fantasie aufbringen, um die historischen Ereignisse herauszulesen. Auf maurische Wurzeln zurückgehend, wurde das überschaubar große Castelo nach der Reconquista wiederholt umgebaut und verstärkt. Im 14. Jh. zog hier der Militärgouverneur der Algarve ein. Diesen Posten hatte ab 1419 Heinrich der Seefahrer inne. Bevor er sich immer mehr nach Sagres zurückzog, residierte er vorwiegend in der Burg von Lagos. Er befehligte von hier aus den Bau der Karavellen der Entdeckungsfahrer auf den Werften am Fluss und ließ 20 % Zoll auf alle Waren erheben, die im Hafen umgeschlagen wurden, um seine Unternehmungen zu finanzieren.

Ein kleines Fenster mit geschwungenem manuelinischem Giebel verweist auf Baumaßnahmen in der Regierungszeit von König Manuel I. (1495–1521). Es befindet sich ganz rechts an der Mauer, wo diese an das später in Teile der Burg hineingebaute Hospital grenzt. Erst jetzt entstand ein wirklicher Gouverneurspalast, in dem die Generalkapitäne der Algarve lebten.

Als nächster König interessierte sich ab 1568 Sebastian I. für Lagos, das er zur Hauptstadt des Königreichs Algarve machte. Der als tiefgläubig bekannte junge König sprach während einer im Freien abgehaltenen Messe von besagtem Fenster hinab zu den unten versammelten Adeligen. Anschließend brach er zu seinem legendären Feldzug nach Marokko auf, wo er eine vernichtende Niederlage erlitt und verschollen blieb. Seither kursiert die Legende, er sei gar nicht tot und würde eines Tages nach Portugal zurückkehren.

Königliche Monumente

Heinrich dem Seefahrer wurde ein Denkmal auf der Praça do Infante gesetzt. Der Prinz nimmt – den Sextanten fest umklammert – das Flussufer, an dem die Entdeckungsfahrer ablegten, ins Visier.
König Sebastian I. steht im Anzug eines Astronauten auf der Praça Gil Eanes. Als solcher könnte er, so die Idee des Künstlers, eines Tages wiederkommen.

WALDBRÄNDE

Der Kampf gegen die Flammen

Ein leidiges Thema an der Algarve sind die Flächenbrände, die fast jedes Jahr unweigerlich wiederkehren. Im Sommer, wenn Wälder und Gebüsch von der Sonne ausgedörrt sind, können sie gewaltige Schäden anrichten.

Rauch
Wenn Ende Juli oder irgendwann im August die ersten Brände auftreten, kann Rauch aus Nordportugal bis in die Urlaubsorte der Algarve wehen.

Im Verhältnis zur Fläche verliert kein Land in Südeuropa so viel Wald durch Brände wie Portugal. Das Risiko liegt spürbar höher als etwa in Spanien, Italien oder Griechenland. Klassische Ursachen sind Blitzschlag, Lagerfeuer, weggeworfene Zigarettenkippen oder Glasscherben, die wie Brenngläser wirken. Auch von Brandstiftung ist immer wieder die Rede, manchmal kommt es zu Verhaftungen. Besonders gefährdet sind Eukalyptusplantagen und Kiefernforste. Die ätherischen Öle des Eukalyptus und das Harz der Kiefern brennen wie Zunder. Kritiker meinen daher, es sollten andere, weniger anfällige Baumarten dazwischen gepflanzt werden, etwa Eichen. Damit würden sogar zwei Fliegen mit einer Klappe geschlagen, denn Mischbestände sind schädlingsresistenter. Bisher herrschen aus Gründen der Wirtschaftlichkeit Monokulturen vor. Aber es gibt bereits private Initiativen, die sich um die

Eukalyptuswälder brennen besonders leicht

WALDBRÄNDE

Braun statt grün: die Berge um Monchique nach einem Feuer

Anpflanzung von Kork- und Steineichen und die Abholzung von Eukalyptus in Siedlungsnähe bemühen.

Als problematisch gilt auch der Unterwuchs, der gegenüber früher, als weidende Tiere ihn niedrig hielten, heute viel üppiger geworden ist. Ebenso ist Kritikern das Totholz, das in den Wäldern liegt, ein Dorn im Auge. Vor allem der Eukalyptus wirft häufig Äste ab, die am Boden wie ein Brandbeschleuniger wirken. In der Region Algarve ist es allerdings verboten, Totholz und Blätter wegzuräumen, da sie ein wichtiger Lebensraum für Tiere, Pflanzen und Pilze sind. Außerdem halten sie nach Regenfällen die Feuchtigkeit im Boden und zersetzen sich zu wertvollem Humus.

Wetterdienst und Löschkräfte sind oft überfordert: Waldbrände treten meist in der Urlaubszeit auf, wenn die Personaldecke ausgedünnt ist. Bei der Feuerwehr arbeiten fast ausschließlich Freiwillige. Zudem fehlt an vielen Stellen das Geld. Nicht einmal Hydranten sind in ausreichender Zahl vorhanden, und Brandschneisen gibt es zwar, sie werden aber nicht immer freigehalten. Hat ein Brand erst einmal begonnen, ist er kaum einzudämmen, obwohl manchmal Hunderte von Feuerwehrleuten mit Löschfahrzeugen, Helikoptern und Flugzeugen gegen die Flammen kämpfen. In welchem Landesteil Waldbrände auftreten, lässt sich nicht vorhersagen. 2017 etwa, als Portugal durch eine schlimme Brandserie in die Schlagzeilen geriet, war die Algarve kaum betroffen. Dies kann in den kommenden Jahren aber wieder anders sein.

Hinweis
Gefährdet sind eher Unterkünfte im Hinterland. Aufpassen sollten Wohnmobilisten, die in Wäldern übernachten.

DAS BEWEGT DIE ALGARVE

Stadterkundung auf die gemütliche Art – mit der Kutsche durch Tavira

Schaukelfahrten in bunten Kutschen

Adrett mit weißem Hemd und schwarzem, breitkrempigem Hut bekleidet, hockt der Kutscher auf dem Bock und wartet auf Fahrgäste. Schon geht es los, über die Strandpromenade von Praia da Rocha. Die Pferdehufe klatschen auf den Pflasterboden, die Schellen am prächtig geschmückten Geschirr klimpern, das Gefährt rumpelt und knirscht.

NOSTALGISCHE FUHRWERKE

Kutschen schaukeln an der Algarve aber nicht nur Touristen durch die Gegend, sondern sind hier und da bis heute als ganz gewöhnliche Nutzfahrzeuge in Gebrauch. Die typische »carroça algarvia« ist ein einachsiger Wagen auf hohen Rädern, der oft durch seine farbenfrohe Bemalung ins Auge springt. Vorherrschend sind kräftiges Gelb, Blau, Rot und Grün. Meistens wird ein Pferd vorgespannt, manchmal auch ein Maultier oder Esel.

Die luxuriösere Variante heißt »charrete« und ist eher in gedeckten Farben gehalten. Auch eine solche nostalgische Kutsche, wie sie früher die Herrschaften benutzten, ist an der Algarve meist ein Einspänner. Dementsprechend sind die Fahrzeuge relativ klein und leicht. Auffällig und an holprigen Untergrund auch abseits der modernen Asphaltstraßen angepasst sind die zwei oder vier großen Speichenräder. So sitzt man recht hoch und hat einen hervorragenden Überblick, besser als aus jedem Pkw. Zugestiegen wird über Steigbügel oder von hinten über ein Treppchen. Die Traditionsgefährte haben in der Region ein so großes Renommee, dass sogar Restaurants nach ihnen benannt sind. Etwa das A Charrette in Monchique, das mit Kutschenrädern, historischen Zeichnungen und anderen Erinnerungsstücken dekoriert ist, oder das A Charrete in Cabanas bei Tavira, das seine Gäste mit einem Kutschenmodell über dem Eingang empfängt.

ORIGINELLE SAMMLEROBJEKTE

»Carroças algarvias« und »charretes« werden nicht nur für Hochzeiten gerne gemietet, sondern scheinen in letzter Zeit bei Sammlern geradezu in Mode zu kommen. Gebrauchte Schätzchen werden oft liebevoll restauriert. Es ist durchaus nicht abwegig, eine Kutsche zu kaufen. Das Internet bietet ein erstaunlich großes Angebot. Schlichte, für die Landwirtschaft taugliche Modelle gibt es ab 120 €, eine hübsch bemalte »carroça algarvia« für um die 2000 €. Eine schicke Pferdekutsche mit Verdeck kann dagegen selbst aus zweiter Hand mit 10 000 € zu Buche schlagen.

Wer sich das nicht leisten kann, bastelt Miniaturkutschen, wie etwa Francisco Cabrito aus Paderne. »Niemand in meiner Familie war Zimmermann. Ich mache das einfach zum Vergnügen«, erzählt er in einer Fernsehdokumentation. »Die Achse und einige Beschläge sind aus Metall, ansonsten besteht alles aus Holz.« Zu kaufen gibt es seine Karrossen nicht. Für's Fluggepäck wären sie ohnehin etwas zu groß.

Als Touristenattraktion fahren **»charretes«** in Praia da Rocha, Tavira und anderswo herum. Auch auf Landgütern und Reiterhöfen werden Touren mit den malerischen Kutschen angeboten, etwa in der Quinta da Saudade bei Armação de Pêra (Tel. 968 05 40 13, www.cavalosquintadasaudade.com, Dauer 75 Min., pro Person 25 €, Reservierung für max. 5 Personen).

ADAC TRAUMSTRASSE

Eine gemütliche Runde durch das liebliche Hügelland Barrocal

Bei dieser Rundfahrt ab Albufeira lernt man die schönsten Seiten der Algarve in ihrer ganzen Vielfalt kennen: Fischerorte, von roten Felsen gesäumte Strände, die Barockkirche von Almancil, den Markt von Loulé, die malerischen Bergdörfer Querença, Salir und Alte. Sowohl trockene als auch quellenreiche Landschaften, Ölbaumkulturen und einsame Burgen säumen den Weg. Es geht ausschließlich über Landstraßen, die meisten davon eher schmal und wenig befahren.

Die Tour auf einen Blick

Startpunkt und Ziel: Albufeira
Gesamtlänge: 116 km
Reine Fahrtzeit: 3 Std. (Tagestour)
Orte entlang der Route: Olhos de Água – Vilamoura – Almancil – Loulé – Querença – Salir – Alte – Paderne

E1 VON ALBUFEIRA NACH VILAMOURA
(20 km/30 Min.)

Küstenfahrt mit Halt im Fischerort Olhos de Água und an einem der schönsten Strände der Algarve

Steil geht es zur Praia da Falésia bei Olhos de Água hinunter

Aus der Ferienstadt Albufeira (S. 123) fährt man auf der Avenida Infante Dom Henrique Richtung Osten. An großen Hotelanlagen vorbei geht sie in die CM1287 über, die in einigem Abstand zur Küste verläuft. Erstes Ziel ist der Fischerort Olhos de Água (S. 122), wo Sie sich am Strand ein wenig die Füße vertreten können. Von diesem erreicht man Richtung Osten zu Fuß einen weiteren Strand, den vielleicht schönsten der Algarve, die Praia da Falésia (S. 122). Wer nicht genügend Zeit für diesen Spaziergang (mit Rückweg eine halbe Stunde) mitbringt, schaut vom Miradouro da Falésia, der über den beeindruckenden roten Küstenklippen schwebt, zur Praia hinab. Der Aussichtspunkt liegt unweit des Hotels Porto Bay Falésia, ein kurzer Fußweg führt hin.

ADAC TRAUMSTRASSE

ADAC Traumstraße: Etappen 1 bis 5 (Detailplan siehe Rückseite Faltkarte)

Anschließend hält man sich nordwärts zur M526, auf der es rechts Richtung Vilamoura weitergeht. Vorübergehend kommt man durch Bauernland mit Orangenhainen, Johannisbrotbäumen und Mandelsträuchern. Aber schon bald wird die Bebauung wieder dichter. Vilamoura (S. 79) kündigt sich an. Am Ortsbeginn biegt man rechts bei einer Tankstelle in die Estrada de Albufeira ein, die im Bogen – an Golfplätzen und weitläufigen Ferienanlagen vorbei – ins Zentrum des noblen Resorts führt. Hauptanlaufstelle für Tagesbesucher ist hier die Marina, wo luxuriöse Boote schaukeln und schöne Menschen flanieren. Schicke Cafés säumen den Jachthafen, allen voran die Figo 7 Decklounge (S. 80). Gönnen Sie sich hier ein zweites Frühstück! Auch die nahe gelegenen römischen Ausgrabungen des Cerro da Vila (S. 79) lohnen einen Besuch.

E2 VON VILAMOURA NACH LOULÉ
(23,5 km / 30 Min.)

Durch eine Pinienallee und Orangenhaine geht es landeinwärts zum berühmten Marktort der Region

Die schönste Route nach Almancil verläuft nun weiter durch den Villenort Vilamoura auf der Estrada da Quarteira und umgeht Quarteira nördlich. Dann aber unbedingt links auf die N396 abbiegen! Hier sieht es noch so aus wie früher. Streckenweise ist diese alte Landstraße eine schattige Pinienallee. Sie mündet in die meist recht stark befahrene N125, auf der man aber nur etwa

ADAC TRAUMSTRASSE

Die Kirche São Lourenço de Matos in Almancil ist ein Barockjuwel

400 m bleibt, bis das letzte Stück bis Almancil (S. 75) auf der Avenida 5 de Outubro zurückgelegt wird. Vielleicht fehlt die Zeit, um durch den Stadtpark zu schlendern oder in den vielen kleinen Läden zu stöbern. Ein Besuch der prächtigen Barockkirche São Lourenço de Matos (S. 75), die sich in einem östlichen Ortsteil befindet, sollte aber in jedem Fall auf dem Programm stehen. Dort ist auch die N125 wieder erreicht, auf der Almancil nun nördlich umfahren wird, um an der schon bekannten Kreuzung erneut in die N396 einzubiegen. Diese führt weiter ins Landesinnere, zum Marktort Loulé (S. 76), allerdings nicht mehr als Allee, sondern als vierspurig ausgebaute Schnellstraße. Die wellige Landschaft des Barrocal kündigt sich bereits an. In feuchteren Mulden gedeihen Palmen und Zypressen zwischen Orangenplantagen, die Hügel sind von Macchie überwachsen. Loulé ist der geeignete Ort für eine längere Pause, mit der Markthalle als Dreh- und Angelpunkt. Hier kann man sich, sofern man nicht an einem Sonntag unterwegs ist, bestens mit Proviant für die weitere Fahrt eindecken und bei dieser Gelegenheit auch nebenan in der Pastelaria Amendoal (S. 78) einkehren, um ein Stück Kuchen oder Marzipan zum Kaffee zu genießen.

E3 VON LOULÉ NACH SALIR (23 km/40 Min.)

Grüne Hügel und wasserreiche Schluchten mit Quellen und Bächen prägen den östlichen Barrocal

Abstecher
Von der N396 führt die M523 zur Fonte Filipe, einem lauschigen Quellgebiet mit Picknickplatz (mit Rückweg 7 km).

Aus dem Straßengewirr von Loulé herauszufinden ist gar nicht so einfach. Am besten halten Sie sich im Osten der Stadt auf der Rua José Afonso nordwärts und finden sich dann bald auf der N396 wieder. Jetzt lässt man das dicht besiedelte Küstengebiet hinter sich. Kaum irgendwo an der Algarve ist so viel Wasser vorhanden wie in diesem Teil des Barrocal. Kurvig windet sich die Straße durch das Hügelland, folgt Bächen und Flusstälern. Ein Pflichtstopp ist der malerische Bergort

Querença (S. 84). Hier wäre schon Gelegenheit für ein frühes Mittagessen im gleichnamigen Restaurant bei der Kirche. Auch sollte ein Abstecher über die M524 zum landschaftlich besonders reizvollen Tal der Fonte Benémola (S. 85) nicht fehlen, durch das ein gut einstündiger Rundwanderweg führt. Dann geht es zurück Richtung Querença und schon vor dem Ort nordwärts auf der M510. Allmählich lichtet sich die Landschaft. Die schmale, kurvenreiche Straße passiert Olivenhaine, einzelne Gehöfte und kleine Weiler. Schließlich mündet sie in die ebenfalls recht schmale, stellenweise von Oleanderbüschen und Agaven gesäumte N124. Auf dieser gelangt man links nach Salir (S. 83), einem Ort, der sich apart über zwei Hügel erstreckt, mit weitem Blick über das wieder flachere Umland. In das sehenswerte Castelo de Salir haben die Dorfbewohner ihre Häuser hineingebaut. Wer noch nicht in Querença zu Mittag gegessen hat, findet an der südlichen Ortsausfahrt an der M525 mit dem Restaurant O Regresso (www.facebook.com/restaurantebaroregresso, Mo geschl.) ein gepflegtes, landestypisches Ausflugslokal.

Benzin?
Tankmöglichkeiten sind im Barrocal eher dünn gesät. Die Tankstelle von Salir befindet sich an der südlichen Ortsausfahrt M525 (Rua Manuel D. Eusébio).

E4 VON SALIR NACH ALTE (17 km/20 Min.)
Ölbaumkulturen und heideähnliche Garigue säumen die Route, die ein Tafelkalkberg beherrscht

Die nun folgende Landschaft präsentiert sich eher offen. Olivenhaine wechseln mit von mediterranen Kräutern und niedrigem Gebüsch überwucherten Flächen

Unterwegs bieten sich immer wieder Gelegenheiten für Spaziergänge

Die meisten Straßen im Barrocal sind wenig befahren

ab. Ein Abstecher führt zum Tafelberg Rocha da Pena (S. 83), auf dem dank des Kalkgesteins – eine Ausnahme in dieser Region – eine besonders blütenreiche Flora mit zahlreichen attraktiven Zwiebelpflanzen gedeiht. Vor allem im Frühjahr lohnt, sofern die Zeit es erlaubt, die Besteigung des unter Naturschutz gestellten Bergs. Der Rundweg nimmt allerdings 2,5 Std. in Anspruch und setzt festes Schuhwerk voraus. Man fährt zum Weiler Rocha, der über die M503 und von dieser links abzweigend (ausgeschildert) erreicht wird. Ausgangs- und Endpunkt der Wanderung ist der Parkplatz an der Bar das Grutas, die Kaffee und Erfrischungen anbietet. Anschließend geht es zurück zur N124, die bei dem kleinen Ort Pena erreicht wird, und auf dieser weiter nach Westen durch relativ flache, karge, wiederum von Ölbäumen und Garigue – einer niedrigen Variante der Macchie – geprägte Landschaft. Am Westrand der Siedlung Benafim passiert man einen netten Picknickplatz, wo man im Schatten einer riesigen Steineiche den Proviant auspacken kann. Ziel dieser Etappe ist das wegen seiner üppigen Quellen viel besuchte Künstlerdorf Alte (S. 81) mit besonders schönen, typischen Algarve-Häusern. Nach einem Bummel durch den Ort lohnt die Einkehr im Traditionscafé Água Mel (S. 83).

ADAC TRAUMSTRASSE

E5 VON ALTE NACH ALBUFEIRA
(32 km/1 Std.)

In den westlichen Ausläufern des Barrocal liegen Oliven- und Orangenhaine und eine Burgruine

Nun folgt die Route dem flachwelligen Westrand des Barrocal, wo immer noch jede Menge Ölbäume, aber auch Orangen gedeihen. Zunächst ist die schmale, idyllische M1354 die Straße der Wahl. Sie geht später in die nicht wesentlich breitere N270 über, auf dieser hält man sich südwärts nach Paderne (S. 80). Der Ort ist zwar nicht so pittoresk wie die vorangegangenen Dörfer, dafür liegt in der Umgebung ein interessantes Kastell. Um es zu erreichen, hält man sich auf der N270 Richtung Südosten durch ein relativ dicht besiedeltes Gebiet und zweigt nach 2 km, der Beschilderung folgend, Richtung Castelo de Paderne ab. Auf einem schmalen, zunächst aber noch asphaltierten Fahrweg geht es zur Siedlung Barrarinha. Von dort wird Richtung Süden die Autobahn A22 auf einer Brücke gequert. Dann folgt eine 1,5 km lange Pistenfahrt. Wer diese seinem Auto nicht zumuten möchte, kann hier einen Spaziergang zur Burg beginnen (mit Rückweg ca. 1 Std.). Die Rückkehr zur N270 erfolgt auf gleicher Strecke. Man fährt wieder durch Paderne und kommt dann auf die N395, die südwärts nach Albufeira zurückführt.

Abstecher
Ein kurzer Umweg führt von der M1354 auf die M1173 links zur Imkerei Monte da Várzea mit Honigverkauf ab Hof (Tel. 964 36 02 22, Mo–Fr 8–20 Uhr).

Die sanfte Hügellandschaft des Barrocal

Hotelempfehlungen:

Wenn Sie die Tour in Tagesetappen fahren, empfehlen wir folgende Hotels:

€ | Quinta Monte da Rocha Nettes Landhotel in den Bergen hinter Loulé, familiär geführt.
›› *Vendas Novas da Tôr, 8100-399 Salir, Tel. 302 00 11 46, über www.booking.com*

€€ | A Conquista Ländliches Bed & Breakfast, eine grüne Oase mit Gästezimmern und Hütten.
›› *Lentiscais, 8200-456 Paderne, Tel. 968 14 37 68, www.aconquista.pt*

Unterwegs

Die Praia da Rocha in Portimão verbindet das, was die Küste der Algarve so reizvoll macht: lange Sandstrände und die charakteristischen rötlich gelben Felsformationen

Das will ich erleben

Badeurlauber und Wassersportler kommen an den Traumstränden der Algarve auf ihre Kosten, das milde Klima verlockt zum Golfen, Wandern und Radfahren. Versäumen Sie nicht die Zeugnisse einer bewegten Geschichte – Megalithmonumente, römische Villen, maurische Burgen, verschnörkelte Kirchen. Naturliebhaber erfreuen sich an zerklüfteten Felsküsten, Flamingolagunen und Wasserfällen. Genießer wissen die mediterrane Küche und die atmosphärischen Märkte zu schätzen, nostalgisches Flair haben Fischerhäfen und Kunsthandwerkerdörfer.

Verspielte Kirchenarchitektur

An den manuelinischen Verzierungen der Gotteshäuser der Algarve kann man sich kaum sattsehen. Die Pfarrkirche von Querença besitzt zwei Portale und ein Taufbecken aus dieser Zeit. In Alvor schmücken Fantasiefiguren das Portal der Hauptkirche, und in Monchique verzaubern die für die Manuelinik typischen Taue und Knoten die Betrachter.

10 Querença 84
Pilgerkirche auf dem Jakobsweg
36 Alvor 140
Bemerkenswerteste Kirchensymbolik der Algarve
46 Monchique 164
Schiffstaue und Fratzen am Kirchenportal

Bizarre Felsküsten

Das besondere Markenzeichen der Algarve sind die rötlichen Klippen. Wind und Wellen haben sie am Algar Seco zu Türmen und Tunneln geformt. Bei Lagos führen abenteuerliche Treppen zum Grottenlabyrinth der Ponta da Piedade hinab. Am senkrecht aus dem Meer ragenden Cabo de São Vicente bei Sagres bieten sich fantastische Ausblicke.

32 Algar Seco bei Carvoeiro 129
Felstürme und Aussichtskanzeln in warmen Farben
37 Ponta da Piedade bei Lagos 148
Klippen und Grotten am türkisblauen Meer
41 Cabo de São Vicente 156
Eine Landspitze trotzt der Brandung

Wunderbare Naturstrände

So mancher Strandabschnitt der Algarve blieb von Bebauung verschont und bietet nach wie vor schönste Naturerlebnisse. Die Praia da Falésia begrenzen malerische rote Felsen und Pinienwälder, die Praia Grande de Pêra säumt ein Dünengürtel. Wellenreiter finden an der abgelegenen Praia do Amado ihr Paradies.

26 Praia da Falésia bei Olhos de Água 122
Kilometerlanger feiner Sandstreifen
30 Praia Grande de Pêra 126
Strandvergnügen abseits vom Trubel
42 Praia do Amado bei Carrapateira 159
Fotogener Sandstrand zwischen Klippen

Bunte Märkte

Was wäre die Algarve ohne ihre Markthallen mit regionalen Produkten? Diejenige von Faro ragt durch ihr gewaltiges Angebot heraus. Olhão punktet mit gleich zwei Markthallen, eine davon ist für Fisch reserviert. Der Markt von Aljezur ist zwar klein, aber fein.

1 Mercado Municipal in Faro 73
Alles, was die Region zu bieten hat
13 Mercado de Olhão 91
Der Schwerpunkt liegt auf Fisch
43 Mercado Municipal de Aljezur 161
Bäuerlicher Markt, der Treffpunkt im Ort

Cataplana essen

Das Schmorgericht mit Fisch und Meeresfrüchten aus dem Kupferkessel ist typisch für die Algarve. Im Fischereihafenort Quarteira steht es etwa im La Cabane auf der Speisekarte, in Olhão bietet es das von der örtlichen Fischervereinigung betriebene Vista Ria an. Auch die Restaurants von Alvor sind mit dabei, etwa die Adega d'Alvor.

5 La Cabane in Quarteira 79
Geheimtipp mit vorwiegend einheimischen Gästen
13 Vista Ria in Olhão 92
Speisen mit Blick auf den Fischerhafen
36 Adega d'Alvor 141
Cataplana im Ambiente eines Weinkellers

Das will ich erleben

Geschützte Lagunen voller Zugvögel

In seichten Gewässern hinter der Küste tummeln sich viele Vogelarten. Die Ria Formosa ist für das Purpurhuhn bekannt. Durch die Sümpfe des Sapal de Castro Marim stolzieren Weißstorch und Rosaflamingo. An der Ria de Alvor lädt ein Holzbohlenweg zur Vogelbeobachtung ein.

14 Ria Formosa 92
Riesige Lagunenlandschaft von Faro bis Tavira
21 Sapal de Castro Marim 113
Feuchtgebiet an der Mündung des Rio Guadiana
36 Ria de Alvor 140
Flache Dünen trennen den Süßwassersee vom Meer

Fischerhäfen

Die Tradition ist beeindruckend. In Fuseta starteten Fischer schon um das Jahr 1500 zur Fahrt nach Neufundland, um Stockfisch zu holen. Von Cabanas aus wird Thunfisch seit fast 300 Jahren handwerklich gefangen. In Ferragudo sitzen die Fischer wie eh und je am Wasser und flicken Netze und Reusen.

15 Fuseta 98
Auf den Hausdächern trocknet Fisch
18 Cabanas 107
Noch etwa 30 Fischerboote laufen hier aus
34 Ferragudo 133
Das Bilderbuch-Fischerdorf der Algarve

Kostbare Süßwasserquellen

Im trockenen Sommer ist Wasser aus Bächen und Quellen eine Rarität. Gern erfrischen sich die Algarvios in Alte, wo zwei muntere Quellen und eine Kaskade sprudeln. Fischotter und Sumpfschildkröten leben im feuchten Bachtal der Fonte Benémola. Gleich acht Mineralquellen entspringen im Kurbad Caldas de Monchique.

8 Alte 81
Zwei Heilquellen und ein Wasserfall
10 Fonte Benémola bei Querença 85
Grüne Idylle mit munterem Bach
47 Caldas de Monchique 166
Nostalgisches Thermalbad im üppigen Tal

Ruinenstädte

Die Historie der Algarve reicht weit zurück. Zeugnisse der Römer sind in der Ausgrabungsstätte Cerro da Vila zu bewundern. Im römischen Gutshaus Milreu bei Estoi können Besucher sich ein Bild vom damaligen Luxus machen. Aus der Kupferzeit datiert die beeindruckende Nekropole von Alcalar.

6 **Cerro da Vila bei Vilamoura** 79
   Hier entstand die Würzsoße Garum
12 **Ruínas Romanas de Milreu bei Estoi** 89
   Ein Landgut mit Marmor und Mosaiken
36 **Alcalar bei Alvor** 141
   Megalithische Gang- und Kuppelgräber

Kunsthandwerk wie anno dazumal

Mancherorts wird noch das Handwerk gepflegt: Korkprodukte in São Brás de Alportel, Web- und Korbwaren in Cachopo, Keramik in Porches, Möbel in Monchique.

11 **Pelcor, São Brás de Alportel** 88
   Korken für Wein und Accessoires
25 **Museu Vivo in Cachopo** 117
   Traditionelle Textilien
31 **Töpferdorf Porches bei Lagoa** 128
   Blumenkübel, Amphoren und dekorative Teller
46 **Casa dos Arcos, Monchique** 166
   Klappstühle aus der Möbelmanufaktur

Das maurische Erbe

Hier und da hinterließ das islamisch geprägte Mittelalter Spuren. Wie es in Tavira damals aussah, zeigt der Núcleo Museológico Islâmico. Eine Maurenburg und einen Brunnen aus dieser Zeit hat Silves zu bieten. Aljezur verdankt den Ortsnamen und das Stadtbild mit dem Castelo den Mauren.

17 **Núcleo Museulógico Islâmico in Tavira** ... 101
   Die Vase von Tavira ragt heraus
33 **Silves** 130
   Einst die maurische Hauptstadt
43 **Castelo Aljezur** 160
   Maurenburg mit Panoramablick

Faro und das Hügelland Barrocal

Die Hauptstadt ist das Tor zur Algarve – im Hinterland warten ursprüngliche Dörfer auf ihre Entdeckung

Am Flughafen von Faro kommen die meisten Besucher an, die die Region erkunden wollen. Die beschauliche Metropole wartet mit zahlreichen Sehenswürdigkeiten und einer angenehmen Atmosphäre auf. Der Hauptanziehungspunkt ist die Altstadt mit ihren vielen engen Gassen. Den neueren Teil der Stadt durchziehen Fußgängerzonen, Cafés laden zum Verweilen ein. Vorgelagert ist die Lagunenlandschaft Ria Formosa, die eine Vielzahl an Seevögeln bevölkert. Strandliebhaber erreichen drei Laguneninseln vor dem Fischerort Olhão per Boot. Westlich von Faro liegen die noblen Feriensiedlungen Quinta do Lago und Vale de Lobo. Bei Vilamoura geht die Sandalgarve dann in die Felsalgarve über. Der Strand ist überall weitläufig und familienfreundlich. Im Hinterland liegt der Barrocal, eine sanfte Hügellandschaft, die touristisch kaum erschlossen ist. Landwirtschaft prägt das Gebiet mit seinen auch heute noch ursprünglichen Dörfern.

In diesem Kapitel:

1. **Faro** 66
2. **Quinta do Lago** 75
3. **Almancil** 75
4. **Loulé** 76
5. **Quarteira** 78
6. **Vilamoura** 79
7. **Paderne** 80
8. **Alte** 81
9. **Salir** 83
10. **Querença** 84
11. **São Brás de Alportel** 86
12. **Estoi** 88
13. **Olhão** 90
14. **Ria Formosa** 92
Übernachten 94

ADAC Top Tipps:

 Mercado de Loulé
| Markthalle |
In der 1908 erbauten Markthalle wird täglich außer sonntags alles gehandelt, was die Region bietet. Farbenfroh zeigen sich Obst und Gemüse, duftend die Kräuterbüschel, geschmackvoll die Keramik. 77

 Ria Formosa
| Naturpark |
Die amphibische Lagunenlandschaft mit einer Vielzahl an Wasservögeln wird von den Gezeiten geprägt und

steht als Naturpark unter Schutz. Historische Gezeitenmühlen zeugen von der ehemaligen landwirtschaftlichen Nutzung. 92

ADAC Empfehlungen:

 Sé Catedral de Faro
| Kathedrale |
Die Hauptkirche der Algarve geht auf das 13. Jh. zurück. Vom Glockenturm bietet sich ein herrlicher Blick. 70

 Adega Nova, Faro
| Restaurant |
Das rustikale Weinkellerrestaurant in Faro punktet mit deftiger einheimischer Küche und einer authentischen Atmosphäre. 73

 Igreja de São Lourenço de Matos, Almancil
| Kirche |
Von oben bis unten wurde die Kirche in Almancil innen mit blau-weißen Azulejos ausgekleidet. Die Altäre sind üppig vergoldet. 75

 Ysconderijo, São Brás de Alportel
| Restaurant |
Gehobene mediterrane Küche bietet das beliebte Lokal in der Altstadt in zeitgemäßem Ambiente. 87

 Pelcor, São Brás de Alportel
| Korkfabrik |
Direktverkauf eines Korkwarenproduzenten in São Brás de Alportel: allerlei filigrane Accessoires, Taschen und Geldbörsen. 88

 Mercado de Olhão
| Markthalle |
Die Doppelmarkthalle bietet in einem Bereich Obst und Gemüse, im anderen verkaufen die Fischer des Ortes ihren Fang. 91

 Pousada Palácio Estoi
| Hotel |
Das noble Hotel logiert nördlich von Faro in einem verspielten Rokokopalast im Stil von Versailles mit einem fantastischen Garten. 95

1 Faro
Charmante Hauptstadt der Algarve mit nostalgischem Flair

Der Jardim Manuel Bivar direkt am Hafen in Faro ist eine Ruhezone in der Stadt

 Information

- Posto de Turismo, Rua Misericórdia 8–12, 8000-269 Faro, Tel. 289 80 36 04, www.faro.pt
- Parken: siehe S. 72

Mit rund 44 000 Einwohnern (64 000 in der Gesamtgemeinde) ist Faro die lebendige und doch beschauliche Hauptstadt der Algarve. Wichtige Arbeitgeber sind Behörden und der Hafen. Auch der Flughafen ist ein bedeutender Wirtschaftsfaktor. Er verzeichnet die zweitmeisten Flugbewegungen in Portugal. Seit 1976 besitzt Faro eine Universität. Obwohl sie etwas abseits liegt, prägen die etwa 10 000 Studenten das Bild der Innenstadt. Wer sie treffen möchte, wird bestimmt in der Altstadt, der Cidade Velha, fündig. Dort sitzen sie gerne vor dem einen oder anderen Lokal, diskutieren über Gott und die Welt und ziehen auch jüngere Urlauber an, die in Hostels und einfachen Pensionen absteigen. Ansonsten kommen Touristen eher als Tagesbesucher aus einem der Ferienorte in der Umgebung. Die Sehenswürdigkeiten der Cidade Velha liegen innerhalb der mittelalterlichen Stadtmauer, die in Teilen noch erhalten ist, nahe beieinander: Arco da Vila, Kathedrale, Igreja do Carmo und Museu Municipal de Faro. In den Gassen bie-

Faro

Plan
S. 68/69

ten sich jede Menge Fotomotive, es herrscht eine stimmungsvolle Atmosphäre. Nördlich des historischen Kerns grenzt ein neueres Viertel mit Einkaufsstraßen und Cafés an. Nordwestlich schließen sich an die Stadtmauer der Jardim Manuel Bívar und der Sporthafen an. Beide laden zu einer Erholungspause beim Stadtrundgang ein.
Die Phönizier steuerten schon um 800 Jh.v.Chr. das verzweigte Flussdelta an der Südspitze der Algarve bei ihren Handlungsreisen an und gründeten eine erste Siedlung. Die Römer errichteten ab dem 3. Jh.v.Chr. einen Hafen mit Handelszentrum und nannten den Ort Ossonoba. Die Westgoten richteten einen ersten Bischofssitz ein. Damals hieß die Stadt Santa Maria. Die Mauren, die 713 als Eroberer kamen, behielten den Namen bei und erweiterten ihn im 11. Jh. zu Ehren des Gründers der Dynastie Benu Harun zu Santa Maria de Ibn Harun. Daraus wurde dann Haro und irgendwann Faro. Die letzten maurischen Herrscher übergaben die Stadt 1249 dem christlichen König Alfonso III. Faro versank zunächst in die Bedeutungslosigkeit. Erst als der Bischof der Algarve seinen Sitz 1577 von Silves hierher verlegte, begann der erneute Aufstieg. Ende des 16. Jh. legten englische Truppen die Stadt in Schutt und Asche, und nach dem großen Erdbeben von 1755 musste Faro fast komplett neu errichtet werden. Da die damalige Hauptstadt Lagos noch stärker betroffen war, wurde Faro zur neuen Kapitale der Algarve ernannt. Noble Paläste entstanden, die heute noch das Bild der Neustadt prägen. In ihnen sind Büros und Kunstgalerien untergebracht.

ADAC *Wussten Sie schon?*

Im Stadtgebiet nisten jedes Jahr 15 bis 20 Storchenpaare auf dem Stadttor Arco de la Vila oder auf dem Rathaus, aber auch auf weniger spektakulären Orten wie Strom- oder Telefonmasten. Die **Störche** auf dem Stadttor gelten als Glücksbringer der Stadt. Die Geburtenrate liegt in Faro etwas über dem Landesdurchschnitt. Ob es an den Störchen liegt, ist wissenschaftlich nicht erwiesen …

1 Faro

Faro 1

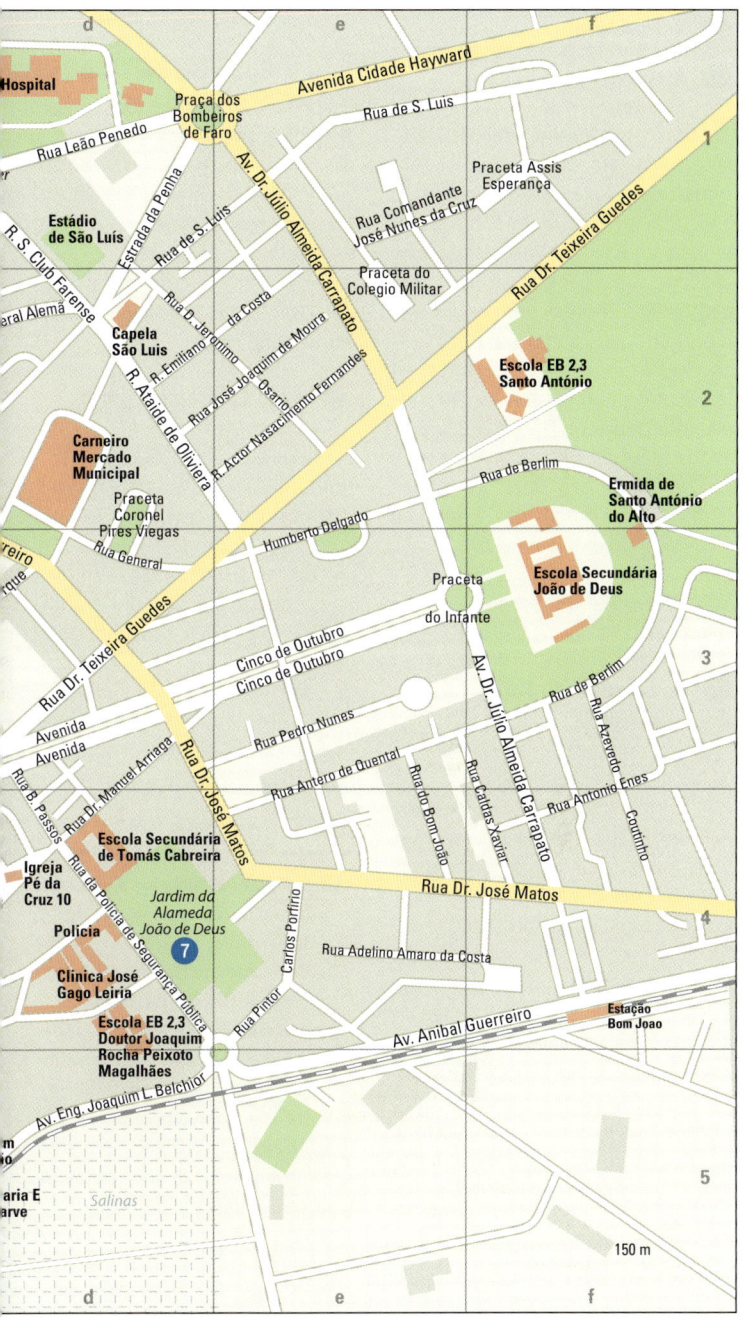

Faro

Sehenswert

Arco da Vila
| Stadttor |

Das Stadttor war einst der Hauptzugang nach Faro. Die heutige Ausführung ist dem italienischen Architekten Francisco Xavier (Saverio) Fabri zu verdanken und wurde 1812 eingeweiht. Über dem Eingangstor thront der Stadtheilige Thomas von Aquin. Neben dem Glockenturm nisten stets Störche. Im Inneren des Stadttors ist das Centro Interpretativo do Arco da Vila untergebracht. Thema des Kulturzentrums ist die Geschichte der Stadt von den Anfängen über die großen Zerstörungen durch das Erdbeben von 1755 bis in die heutige Zeit.

■ Rua do Município, www.cm-faro.pt, Centro Interpretativo: tgl. 9.30–17.30 Uhr, Eintritt frei

Sé Catedral de Faro
| Kathedrale |

 Hauptkirche der Algarve, mit großartiger Turmaussicht

Die Bischofskirche steht im Zentrum der Altstadt. Orangenbäume säumen ihren Vorplatz, auf dem schon zu römischer Zeit ein Tempel stand. Die Mauren errichteten auf dessen Fundamenten eine Moschee, aus der nach der Reconquista im 13. Jh. eine Kirche wurde. Den Rang einer Kathedrale hat sie seit 1577 inne. Vom ursprünglich gotischen Bau überstand nur der Glockenturm das Erdbeben von 1755. Von oben genießt man einen Panoramablick auf die Stadt und die vorgelagerte Lagunenlandschaft Ria Formosa. Das Innere der dreischiffigen Kirche ist mit blau-weißen Fliesen verziert, die Altäre sind prunkvoll mit Gold geschmückt. Die barocke Seitenkapelle Nossa Senhora dos Prazeres haben Künstler abwechslungsreich mit Schnitzwerk, Stuck, Marmor, Spiegeln und Fliesen dekoriert. Ganz anders die Capela dos Ossos (Knochenkapelle) im Kreuzgang, die mit Totenschädeln und Knochen von Verstorbenen ausgekleidet ist. Ein Museum im Obergeschoss der Kathedrale zeigt sakrale Kunst.

■ Largo da Sé, Mo–Fr 10–18.30 (Dez./Jan. 10–18), Sa 9.30–13 Uhr, 3,50 €, erm. 2,50 €

Paço Episcopal
| Bischofspalast |

Bei dem auffälligen Gebäude an der Nordseite des Kirchplatzes handelt es sich um den ehemaligen Bischofspalast (Ende 16. Jh.). Der seinerzeit übliche Baustil »Estilo Chão« zeichnet sich durch ebene Flächen ohne aufwendige Verzierungen aus und stellt einen Gegenpol zum Manuelismus dar, der von verspielter Ornamentik lebt. Alles in allem spiegelt er die verhältnismäßig schlechte wirtschaftliche Lage Portugals zwischen 1580 und 1640

ADAC *Spartipp*

Um die **mautpflichtige Autobahn** A 2 von Lissabon zur Algarve zu umgehen, bieten sich zwei gebührenfreie, aber meist nur zweispurige Strecken an: die parallel zur A 2 verlaufende Schnellstraße IC 1 sowie die relativ verkehrsarme Nationalstraße N 120 entlang der Westküste. Hingegen gibt es an der Südküste keine brauchbare Alternative zur Autobahn A 22, denn die parallel verlaufende Nationalstraße N 125 ist häufig überlastet, und auf vielen Abschnitten besteht ein Tempolimit von 50 oder 70 km/h.

Faro 1

Der Arco da Vila bildet den Eingang zur Altstadt von Faro

wider, als das Königreich unter spanischer Herrschaft stand.
■ Largo da Sé 15

4 Museu Municipal de Faro
| Museum |

Schwerpunkt des Stadtmuseums sind archäologische Funde aus römischer Zeit, etwa Mosaiken aus dem 2./3. Jh. und der maurischen Epoche. Außerdem sind Werke bedeutender portugiesischer Maler wie Domingos António de Sequeira (1768–1837) und Columbano Bordalo Pinheiro (1857–1929) zu bewundern, aber auch von Rembrandt und Gauguin. Das Museum mit arkadengesäumtem Innenhof ist im ehemaligen Kloster Convento da Nossa Senhora da Assunção untergebracht. Die ehemalige Klosterkirche ist ein typisches Beispiel für den verspielten manuelinischen Stil. Später kamen das Renaissance-Seitenportal und nach dem Erdbeben 1755 die barocke Kuppel hinzu. Nach Restaurierungen in den 1960er-Jahren wurde das zum Nationalmonument erklärte Ensemble als Museum eröffnet.
■ Largo D. Alfonso III 14, www.faro.pt, Okt.–Mai Di–Fr 10–18, Sa/So 10.30–17, Juni–Sept. Di–Fr 10–19, Sa/So 11.30–18 Uhr, 2 €, erm. 1 €

5 Arco do Repouso
| Stadttor |

Ältester Teil der Altstadtmauer ist der am Ostrand gelegene, von zwei wuchtigen Türmen flankierte Doppeltorbogen Arco do Repouso (13. Jh.). Die zwei Bögen sollten die Verteidigung der Stadt erleichtern. Der Legende nach ruhte sich König Alfonso III. an dieser Stelle aus, nachdem er die Mauren aus der Stadt vertrieben hatte.

6 Igreja da Ordem Terceira de São Francisco
| Kirche |

Die Kirche des ehemaligen Franziskanerklosters steht außerhalb der Stadtmauer. Sie stammt ursprünglich aus dem 17. Jh. Sehenswert im Inneren sind

Faro

die Schnitzarbeiten und Azulejos mit Szenen aus dem Leben des hl. Franziskus. Die angrenzenden Klosterräumlichkeiten sind nicht zu besichtigen.
■ Largo de São Francisco, 51, Mo–Fr 9–12, 17.30–18.30 Uhr

7 Jardim da Alameda João de Deus
| Park |

Exotische Bäume spenden dem gepflegten Stadtpark Schatten. Schwäne und Enten tummeln sich in einem Wasserbecken, Pfauen laufen frei herum, andere Vögel hocken in Volieren. Zwei Kioske bieten Erfrischungen an.
■ Rua da Polícia de Segurança Pública, tgl. 7.30–20.30 (Winter 7.30–18) Uhr

8 Museu Regional do Algarve
| Museum |

Das ethnologische Museum zeigt zahlreiche Alltagsgegenstände von Bauern, Fischern und Handwerkern der Algarve. Eine weitere große Abteilung widmet sich den Wohnverhältnissen im Verlauf der Zeiten.
■ Praça da Liberdade 2, www.cm-faro.pt, Di–Fr 10–18, Sa 10–16.30 Uhr, 2 €, erm. 1 €

9 Igreja do Carmo
| Kirche |

Die ehemalige Klosterkirche der Karmeliter erstrahlt in barockem Glanz. Ihre vier Seitenkapellen sind mit goldverzierten Schnitzereien ausgestattet. Sie gilt als die prächtigste Barockkirche ganz Portugals. Dennoch ist eher die morbide Knochenkapelle (Capela dos Ossos) im ehemaligen Klosterfriedhof der Besuchermagnet. Als Baumaterial für die 1816 eingeweihte Kapelle dienten die Gebeine der Karmelitermönche. Am Eingang weist eine Inschrift auf die Endlichkeit des irdischen Daseins hin: »Pára aqui a considerar que a este estado hás-de chegar« (Halte hier inne und bedenke, dass dies dein zukünftiger Zustand sein wird).
■ Largo do Carmo, Mo–Fr 9–17 (Sommer 9–18), Sa 9–13 Uhr, Capela dos Ossos 1 €

10 Museu Marítimo
| Museum |

Das Gebäude der ehemaligen Hafenkommandantur beherbergt das Fischerei- und Seefahrtmuseum. Es vermittelt einen guten Eindruck von den Fangmethoden der Fischer und zeigt Modelle historischer Schiffe, die einst Portugal zur Weltmacht verhalfen.
■ Rua da Communidade Lusíada, Mo–Fr 9–12, 14.30–16.30 Uhr, 2 €

Verkehrsmittel

Bahn Bahnhof etwa 500 m nördlich des Sporthafens. Verbindungen in alle größeren Städte der Algarve und nach Lissabon. ■ www.cp.pt, Plan S. 68/69 a3

Bus Mit Überlandbussen kommt man in viele Ortschaften der Algarve. Busbahnhof unmittelbar nördlich der Eisenbahnstation. ■ www.eva-bus.com, Plan S. 68/69 a3

Stadtbus Innerstädtisch, zum Flughafen und zur Praia de Faro verkehren Minibusse von Próximo. Tickets (1,10–2,25 € je nach Zone) gibt es beim Fahrer. ■ www.proximo.pt

Parken

Großer Parkplatz am Largo de São Francisco (altstadtnah, gratis, Plan S. 68/69 c5); gebührenpflichtige Parkplätze am Sporthafen (Avenida da República, ca. 0,80 €/Std., Plan S. 68/69 b4); zentrumsnahes Parkhaus an der Praça da Liberdade (Einfahrt in der

Faro

ADAC *Mittendrin*

Die **Pastelaria Gardy** dient den Bewohnern von Faro als zentraler Treffpunkt. Das Lokal bietet Sitzgelegenheiten sowohl in der Fußgängerzone als auch drinnen mit gemütlicher Caféatmosphäre. Man findet hier die wohl beste Kuchenauswahl der Stadt. Besonders empfehlenswert der »bolo de ovos e amêndoa« mit lokalem Marzipan sowie weitere Spezialitäten mit Mandeln.
Rua de Santo António 16, Tel. 289 82 40 62, Plan S. 68/69 c4

Rua Pé da Cruz, ca. 1,20 €/Std., Plan S. 68/69 c4). An freien Parkplätzen stehen oft inoffizielle Parkplatzanweiser, die Trinkgeld erwarten.

Restaurants

 € | Adega Nova Das urige Ambiente entspricht dem eines Weinkellers. Geboten wird deftige Algarveküche mit Schwerpunkt auf Fleisch, Fisch und Meeresfrüchten vom Grill zu einem angemessenen Preis. ■ Rua Francisco Barreto 24, Tel. 289 81 34 33, www.restauranteadeganova.com, tgl. 11.30–23 Uhr, Plan S. 68/69 a3

€€ | O Gimbras Nüchterne Einrichtung, aber die solide Küche ist typisch portugiesisch. Ein wenig außerhalb des Zentrums bei der Markthalle. ■ Rua General Teofilo da Trindade 3, Tel. 968 88 96 69, So geschl., Plan S. 68/69 c2

€€€ | Faz Gostos Gute portugiesische Küche in gediegenem Ambiente. Etwas versteckt im Zentrum der Altstadt gelegen. ■ Rua do Castelo 13, Tel. 289 87 84 22, www.fazgostos.com, Mo–Fr 12–15, 19–23, Sa 19.30–23 Uhr, Plan S. 68/69 b5

Cafés

Aliança Ältestes Kaffeehaus der Stadt (seit 1908). Unter seinen neuen Besitzern firmiert es außerdem als Bierlokal (»cervejaria«). Es ist auch zum Abendessen geeignet. ■ Praça D. Francisco Gomes 26, Tel. 916 35 90 30, www.cafealianca.com, tgl. 12–24 Uhr, Plan S. 68/69 b4

Einkaufen

Forum Algarve Gigantisches Einkaufszentrum mit über hundert Geschäften, darunter Stores bekannter Modemarken v.a. aus Spanien, zahlreichen Restaurants, Bars und Kinos. ■ N 125 Faro – Loulé, www.forumalgarve.net, Parkgarage (gratis), Plan S. 68/69 nordwestl. a1

Mercado Municipal Die bestens ausgestattete Markthalle bietet alle Spezialitäten der Algarve. In dem modernisierten Gebäude befindet sich auch ein gut bestückter Supermarkt. ■ Largo Dr. Francisco Sá Carneiro, www.mercadomunicipaldefaro.pt, eigenes Parkhaus (Einfahrt an der Südwestseite der Markthalle), Plan S. 68/69 d2

ADAC *Spartipp*

Bei Vorlage des **Algarvepasses**, einer offiziellen Rabattkarte, gewähren überall in der Region touristische Attraktionen, etwa Zoomarine in Guia, sowie Museen vergünstigte Eintrittspreise. In vielen Restaurants gibt es ebenso Preisnachlässe wie in Linienbussen. Außerdem stehen Gratis-WLAN-Bereiche zur Verfügung. Gültigkeit 30 Tage, erhältlich für 10 € unter www.algarve-pass.com oder in Touristen-Informationsbüros.

Faro

Plan S. 68/69

In Quinta do Lago zieht sich der Strand kilometerweit an der Küste entlang

Events

Feira de Artesanato de Faro Kunsthandwerkermarkt an jedem zweiten Samstag im Monat im Jardim Manuel Bívar. ■ 10–17 Uhr, Plan S. 68/69 b4

Feira de Santa Iria Große Handelsschau mit Volksfeststimmung und vielfältigem Gastronomieangebot, jedes Jahr an neun Tagen Mitte Oktober. Sie geht auf eine Messe zurück, die seit 1596 urkundlich bezeugt ist. ■ Largo de São Francisco, Sa 14–1, So 14–2 (Gastronomie jeweils ab 12), Mo–Do 16–24, Fr 16–1 Uhr, Eintritt frei, Plan S. 68/69 c5

In der Umgebung

Praia de Faro
| Strandinsel |
Faros Stadtstrand liegt 10 km außerhalb, auf der schmalen Halbinsel Ilha do Faro (auch Península do Ancão) im Westen, dem Flughafen vorgelagert. Diese ist Teil des Naturparks Ria Formosa (S. 92). Auf einer Länge von 10 km zieht sich der Streifen aus feinem, hellem Sand bis zu den Stränden von Quinta do Lago. Zentraler und östlicher Bereich der Landzunge bieten eine gute touristische Infrastruktur, Richtung Westen ist weniger los. Man erreicht die Ilha do Faro mit dem Auto vom Flughafen aus über die Nebenstraße M 527-1. Eine Brücke führt hinüber zu einem großen Parkplatz auf der Insel. Während der sommerlichen Badesaison füllt sich dieser schnell, daher besser frühzeitig kommen! Wer sich die Parkplatzsuche ersparen möchte, kann die Insel auch per Boot erreichen. Vom Cais das Portas do Mar (vor der Altstadt) fahren im Sommer mehrmals täglich Boote von Silnido zur Halbinsel.
■ www.silnido.com, hin/zurück 3 €

Almancil **3**

2 Quinta do Lago

*Exklusiver Ferienort mit kilometer-
langen Sandstränden*

Mit dem benachbarten Vale do Lobo bildet Quinta do Lago eine lockere Feriensiedlung der Luxusklasse mit großzügigen Resorts und Villen inmitten üppiger Gärten. Der Zerstreuung dienen Golfplätze und Tennisplätze. An der Küste erstreckt sich eine 10 km lange Strandzone mit feinem, hellem Sand. Das Angebot der Restaurants und Strandbars orientiert sich an der Zahlungskraft der Besucher. Hinter dem östlichen Strandabschnitt Praia Quinta do Lago zieht sich ein Wattstreifen entlang, ein Steg für Fußgänger führt ab der Avenida André Jorden (Parkplatz, Mai–Sept. gebührenpflichtig) hinüber. Westlich schließen die Dünenstrände Praia do Ançao und Praia do Garrão an (jeweils kostenlose Parkplätze). Etwas weniger besucht ist die Praia Vale do Lobo, ganz im Westen liegt die sehr ruhige Praia do Trafal.

 Restaurants

€€ | **Sandbanks** Strandlokal, in dem alles, was vom Frühstück bis zum Abendessen serviert wird, gehobenes Niveau hat. ■ Praia Vale do Lobo, Tel. 289 39 84 29, www.sandbanks-algarve.com, tgl. 9.30–17.30, Sommer bis 22.30 Uhr

 Kneipen, Bars und Clubs

T Clube Der elegante Club punktet mit einer Pianobar, einem Restaurant und einer Disco samt Garten. ■ Buganvilla Plaza, Tel. 289 35 62 13, www.tclube.com, nur im Sommer

 Wandern

Am Steg zur Praia Quinta do Lago starten zwei Wanderwege durch das angrenzende vogelreiche Feuchtgebiet, das zum Naturpark Ria Formosa gehört. ■ 40 Min. bzw. 1 Std.

3 Almancil

*Gemütliche Einkaufsstadt für die
Ferienorte an der Küste.*

 Information

■ Posto de Turismo, Rua José dos Santos Vaquinhas, 8135-173 Almancil, Tel. 289 40 08 60, www.cm-loule.pt

In Almancil (11 000 Einw.), einer typisch portugiesischen Kleinstadt, hat der Tourismus noch nicht die Oberhand. Einheimische erledigen ihre Einkäufe, im Zentrum säumen kleine Restaurants und Cafés die Straßen, in denen man fast immer freie Parklücken findet. Ein beliebter Treffpunkt ist der gepflegte Stadtpark Jardim das Comunidades mit schönem Kinderspielplatz, weitläufigen Rasenflächen rund um einen See und breiten Promenaden.

 Sehenswert

Igreja de São Lourenço de Matos
| Kirche |

 *Üppige Dekoration mit Fliesen
und vergoldeten Altären*

Die ursprünglich romanische Kirche erhielt im 18. Jh. ihre heutige prächtige Form mit einem üppig in Gold erstrahlenden Altar. Blau-weiße Fliesen stellen Szenen aus dem Martyrium des hl. Laurentius dar. Der Heilige verteilte im 3. Jh. Kirchenschätze unter den Ar-

4 Almancil

Gefällt Ihnen das?

Wunderbare vergoldete Barock-Retabel sehen Sie auch in der **Igreja do Colégio** (S. 135) in Portimão. Oder Sie fahren weiter nach Lagos, wo die **Igreja de Santo António** (S. 145) mit üppig verzierten Altären ausgestattet ist.

men, statt sie dem römischen Kaiser zu übergeben. Auf glühendem Rost wurde er deshalb zu Tode gefoltert.
■ Rua da Igreja, Winter Mo–Fr 10–13.30, 14.30–17.30, Sommer Mo 14–18, Di–Sa 10–13 Uhr, 2 €

 Restaurants

€€ | **Figueiral** Das gediegene Lokal serviert »picanha« (Tafelspitz vom Spieß) und frischen Fisch. ■ Rua Cristovão Pires Norte, Tel. 289 39 55 58, www.figueiral.pt, Mo–Sa 19–23 Uhr

 Loulé

Zentraler Marktort mit dem authentischen Flair einer Landstadt

 Information

■ Posto de Turismo, Avenida 25 de Abril 9, 8100-506 Loulé, Tel. 289 46 39 00, www.cm-loule.pt
■ Parken: siehe S. 78

Dank der küstenfernen Lage konnte sich Loulé (30 000 Einw.) einen ursprünglichen Charakter bewahren. Die seit dem 8. Jh. bewohnte Medina (Altstadt) durchziehen schmale Gassen, die sich bestens zum Bummeln eignen. Ihr maurischer Charakter ist noch zu erspüren, auch wenn die Häuser, in denen bis vor wenigen Jahren u.a. Kupferschmiede und Korbflechter ansässig waren, jüngst geradezu museal restauriert wurden. Jetzt haben hier Restaurants und Kunstgalerien Platz gefunden. Absoluter Besuchermagnet ist die Markthalle. Ringsum in den Cafés treffen sich die Männer, während ihre Frauen die Einkäufe erledigen.

 Sehenswert

Castelo de Loulé
| Burg |
Die Grundmauern an der Westseite, auf denen trutzige Türme thronen, gehen auf eine maurische Festungsanlage zurück. Nach der Reconquista erweiterte der Ritterorden von Santiago die Burg. Das Erdbeben 1755 hinterließ das Castelo in Trümmern. Erst Anfang des 20. Jh. begann die Restaurierung. Ein Wehrturm kann bestiegen werden. Im Erdgeschoss ist das archäologische Stadtmuseum untergebracht.
■ Largo Dom Pedro I 17, Di–Fr 10–18, Sa 10–16.30 Uhr, 1,70 €

ADAC *Wussten Sie schon?*

Im 18. Jh. exportierte die Region bis zu 6000 t frische und 12 000 t getrocknete **Feigen** pro Jahr nach Nord- und Mitteleuropa. Heute liegt die jährliche Produktion noch bei rund 2000 t. Die Früchte reifen zwischen Juni und September. Traditionell lassen die Landwirte sie in der Sonne trocknen und schichten sie dann zusammen mit Fenchelsamen in Körbe. Die ätherischen Öle des Fenchels halten Schädlinge fern, zudem verleihen sie den Feigen einen würzigen Geschmack.

Bunte Tücher spenden der Altstadtgasse in Loulé Schatten

Igreja Matriz de São Clemente
| Kirche |

Der Turm der Pfarrkirche (13. Jh.) war eventuell ehemals das Minarett einer Moschee (10./11. Jh.). Innen sind Renaissancealtäre und verzierte Säulenkapitelle zu bewundern. Nebenan liegt der kleine Jardim dos Amuados mit Schatten spendenden Bäumen.

■ Largo Batalhão Sapadores Caminhos de Ferro, tgl. geöffnet

Nossa Senhora da Piedade
| Pilgerheiligtum |

Die Marienwallfahrtstätte liegt auf einem Hügel 2 km westlich der Stadt. In der Kapelle (16. Jh.) wird das Standbild der Schmerzensmadonna, der Mãe Soberana, verehrt. Nebenan entstand im 20. Jh. ein Kuppelbau, um der wachsenden Anzahl von Gläubigen Platz zu bieten. Von der Nationalstraße 270 führt ein gepflasterter Pilgerweg hinauf (ab Markthalle 30 Min.).

■ Anfahrt über die N 270, Di–So 9–12.30, 14–17 Uhr, großer Parkplatz

Mercado de Loulé
| Markthalle |

1 *Markthalle mit orientalischer Architektur und großem Angebot*

Eines der vielfältigsten frischen Angebote der Algarve in einer markanten Markthalle von 1908 – im damals angesagten maurischen Stil mit Zwiebeldächern und Hufeisenbögen. Nach wie vor Anlaufstation für zahlreiche einheimische Käufer. Es gibt Obst und Gemüse, Fleisch, Fisch, Backwaren und Süßigkeiten. Jeden Samstag verkaufen außerdem Bauern ihre Produkte in den Gassen ringsum. ■ Praça da República, Markthalle Mo–Sa 7–15 Uhr, Straßenmarkt Sa 7–13 Uhr

Verkehrsmittel

Bahn Bahnhof 6,5 km südwestlich, ohne Busanbindung nach Loulé.
Bus Etwa stündlich nach Faro und Quarteira (www.eva-bus.com), Busbahnhof am Nordostrand der Innenstadt (zur Markthalle 10 Min.).

4 Loulé

In der Marina von Vilamoura liegen noble Jachten

Parken

Nur 250 m von der Markthalle entfernt Parkbuchten auf dem Largo Tenente Cabeçadas (Parkautomat). Alternativen (je ca. 0,60 €/Std.): Parkplatz nördlich der Altstadt (Av. 25 de Abril/Rua Ascensão Guimarães), Parkhaus in der Rua José Afonso nordöstlich der Altstadt (Fußweg zur Markthalle je 5 Min.).

Restaurants

€ | **Churrasqueira Jolibela** Das Grillrestaurant ist zwar von außen eher unscheinbar, bietet aber ein sehr gutes Preis-Leistungs-Verhältnis. Rua Camilo Castelo Branco 17, Tel. 289 41 54 80, Mo geschl.

€€ | **Avenida Velha** Alteingesessenes Lokal mit klassischer Aufteilung: Unten gibt es eine Bar, oben ein Restaurant. Das Lokal ist spezialisiert auf »cataplana«. Avenida José da Costa Mealha 40, Tel. 289 41 64 74, So nur abends

Cafés

Pastelaria Amendoal Kleine Konditorei schräg gegenüber der Markthalle, mit Kuchen, Pralinen und Marzipan. Largo de Gago Coutinho 20, So geschl.

Events

Carnaval Der Karneval von Loulé ist landesweit berühmt. Am Samstagabend gibt es einen großen Umzug im brasilianischen Stil. Anschließend wird bis zum Faschingsdienstag durchgefeiert. www.cm-loule.pt

5 Quarteira

Bizarre Hochhauskulisse, Fischmarkt, familienfreundlicher Strand

Information

 Posto de Turismo, Praça do Mar, 8125-156 Quarteira, Tel. 289 38 92 09, www.cm-loule.pt

Die vielen Hochhäuser, die sich an der Küstenlinie aneinanderreihen, versprechen keine Idylle. Allerdings verfügt die Stadt über einen sauberen, kinderfreundlichen Strand und eine gepflegte, begrünte Uferpromenade. Hier verbringen vorwiegend portugiesische Familien ihren Sommerurlaub. Während dieser Wochen platzen die beliebten Fischrestaurants (»marisqueiras«) rund um die Markthalle am Meer aus allen Nähten. Auch das regionale Mandelgebäck ist sehr beliebt und z.B. in der Pastelaria Beira Bar in der Avenida Infante Sagres zu haben, die außerdem eine große Auswahl an hausgemachten Kuchen im Angebot hat.

 Parken

Ein großer Parkplatz befindet sich in der Rua da Armação in Hafennähe (gratis); zusätzliche Parkbuchten gibt es am Largo das Cortes Reais zwischen Hafen und Markt (Parkautomat).

 Restaurants

€€ | **La Cabane** Gehobene portugiesische Küche in gemütlichem Ambiente. Serviert werden frischer Fisch, Meeresfrüchte und »cataplana«. Kostenloser Abholservice bei Tischreservierung. ■ Rua do Levante 17, Tel. 289 31 38 19, So geschl.

 Kinder

Aquashow In einem der größten Vergnügungsparks Portugals bleiben kaum Kinderwünsche offen. Es gibt zahlreiche attraktive Rutschen und Röhren, einen Wasserroller und zum Abkühlen einen Wellenpool. Zum Angebot zählen außerdem ein Minizug und diverse Shows. Daneben sorgen mehrere Restaurants und Bars für das leibliche Wohl. ■ N 396, www.aquashowparkhotel.com, Mai tgl. 10–17, Juni und Sept. 10–17.30, Juli 10–18.30, Aug. 10–19 Uhr, 29 €, erm. 19 €

6 Vilamoura

Gehobene Feriensiedlung mit exklusivem Jachthafen

Hier wird auf Luxustourismus gesetzt. Vilamoura ist ein reiner Ferienkomplex. Die Marina wurde 1974 eröffnet. Damals galt das Projekt als innovativ, aber auch als größenwahnsinnig. Der Erfolg gab den Investoren recht. Bis heute ist der Jachthafen führend in Portugal. Die Bebauung rundum wirkt trotz einiger Hochhäuser locker. Eine breite Promenade säumt die Hafenbucht. In den Cafés und Restaurants geht es ums Sehen und Gesehenwerden. Vom Hafen zieht sich der familienfreundliche Ortsstrand 1 km nach Osten. Sechs Golfplätze vervollständigen das Angebot.

 Sehenswert

Cerro da Vila
| Archäologische Stätte |
In dem ehemals seichten Lagunengebiet errichteten zunächst die Römer eine große Siedlung, in der sie »garum« produzierten, eine Würzsoße aus vergorenem Fisch und Meeresfrüchten. Später ließen sich Westgoten und Mauren hier nieder. Zu sehen sind die Reste einer römischen Villa, Grundmauern kleinerer Häuser sowie einer öffentlichen Badeanlage. In dem angeschlossenen Museum

werden Schmuck, Mosaiken und Gebrauchsgegenstände ausgestellt.
■ Avenida da Cerro da Vila, www.cm-loule.pt, Nov.–April tgl. 9.30–12.30, 14–18, Mai–Okt. 10–13, 16–21 Uhr, 4 €

Parken

Großer zentraler Parkplatz an der Ecke Avenida da Marina/Rua Tivoli (gratis); am zentralen Bereich des Strandes gibt es außerdem gebührenpflichtige Parkbuchten.

Restaurants

€€ | **Chico's Real** Familiäres Restaurant mit Regionalküche. Das Hühnchen »piripiri« ist besonders beliebt. ■ Rua do Sol, Tel. 289 38 80 28, Mo–Sa 11–15, 18–23 Uhr

Kneipen, Bars und Clubs

Figo 7 Decklounge Bar und Café am Jachthafen wurden von Luís Figo initiiert, dem früheren Rekordnationalspieler. Übertragungen wichtiger Fußballspiele auf Großleinwand. ■ Marina Vilamoura, Tel. 289 38 01 43

7 Paderne

Ruhige Stadt im Landesinneren, abseits der Touristenströme

In Paderne (3000 Einw.) sind die Einheimischen weitgehend unter sich. Touristen verirren sich kaum hierher. Bescheidene Lebensmittelgeschäfte bieten in den Gassen abseits der Durchgangsstraße die Produkte der Umgebung an. An der Praça da República erhebt sich die für den kleinen Ort fast zu wuchtig wirkende Pfarrkirche. Ihre Anfänge gehen auf das 16. Jh. zurück. Am westlichen Ortsrand ist die parkähnliche Praça Nova mit Kinderspielplatz und großzügiger »Esplanada« (Terrassencafé) der allgemeine Treffpunkt. Am benachbarten Parkplatz stehen Picknicktische, die sich für eine Rast anbieten. Ringsum gibt es ein paar kleine Restaurants. Noch etwas weiter westlich steht am Ortseingang die kleine Kapelle Ermida de Nossa Senhora ao Pé da Cruz (17. Jh.) mit einem schönen Barockretabel.

Wandern

Drei markierte Rundwege durch die Umgebung von Paderne starten an der Praça Nova. Dort informiert auch eine Tafel über die Routen. ■ Alle drei Rundwege dauern je 2–3 Stunden.

Alte 8

Die engen Gassen mit den weißen Häusern sind typisch für das Dorf Alte

In der Umgebung

Castelo de Paderne
| Burg |

Etwa 4 km südlich von Paderne liegt – über eine ausgeschilderte Holperpiste zu erreichen – auf einem Hügel die Ruine der im 12. Jh. von den Almohaden als Bollwerk gegen die Christen erbauten Festung. Nach der Reconquista setzte man eine Kapelle in die Anlage, von der ebenso nur noch Mauerreste geblieben sind wie von einem Wehrturm. Das Castelo de Paderne ist eine der sieben Burgen, die auf der portugiesischen Flagge symbolisiert sind. Eine Innenbesichtigung ist nur nur nach vorheriger Anmeldung möglich.

■ Tel. 289 89 60 70, www.monumentosdoalgarve.pt

8 Alte

Malerisches Künstlerdorf mit bekannten Süßwasserquellen

Information

■ Posto de Turismo, Rua Condes de Alte, 8100-012 Alte, Tel. 289 47 80 60, www.cm-loule.pt
■ Parken: siehe S. 83

Die Häuser von Alte (2000 Einw.) sind überwiegend weiß getüncht, Fenster- und Türrahmen blau oder ockerfarben gestrichen. Ins Auge fallen die zahlreichen fantasievoll verzierten Kamine. In den Pflastergassen haben sich Künstler und Kunsthandwerker niedergelassen. Familienausflugsziel am Wochenende sind die beiden ergiebigen

Alte

Der Schein trügt: Die Queda do Vigário ist ein künstlich angelegter Wasserfall

Quellen am Ortsrand. Vom 25. April bis zum 1. Mai findet in Alte die Semana Cultural mit Kunstausstellungen, Musik und kulinarischem Angebot statt, zu der sich viele Algarvios einfinden.

Sehenswert

Fonte Pequena und Fonte Grande
| Quellen |
In einem Park ist die Fonte Pequena mit Natursteinen eingefasst. Darüber zeigt ein Fliesenbild den hl. Antonius. Die Frauen von Alte trafen sich hier in früheren Zeiten zum Wäschewaschen oder um Trinkwasser zu holen. Heute ist das Wasser nur noch eingeschränkt genießbar. Auf dem Vorplatz erinnert eine Steinsäule an den lokalen Poeten Cândido Guerreiro. Etwa 350 m weiter flussaufwärts sprudelt die Fonte Grande. Ihr Wasser wird in mehrere Becken geleitet und dient der Trinkwasserversorgung von Alte, Baden ist offiziell nicht erlaubt.
■ Rua da Fonte Grande

Igreja Matriz
| Kirche |
Die Verzierungen am Eingangsportal der Pfarrkirche (Mitte 16. Jh.) sind typisch für den manuelinischen Stil. Im mit blauen Azulejos (18. Jh.) geschmückten Chorraum lohnt ein Blick auf das Gewölbe. Der linke, gelbe Schlussstein symbolisiert die portugiesischen Entdeckungsfahrten allgemein, der mittlere mit dem Halbmond steht für die Orientreisen, der rechte, blaue für den Seeweg nach Indien.
■ Largo da Igreja, Mo–Sa 9.30–13, 15–18 Uhr, 1 €

Casa Memória d'Alte
| Ausstellung |
In dem typischen Algarvehaus werden Keramik, Körbe, Taschen und Hüte aus Espartogras gezeigt und verkauft.
■ Estrada da Ponte (N 124), Mo–Fr 10–12, 15.30–17.30 Uhr, Eintritt frei

Queda do Vigário
| Wasserfall |
Aus 24 m Höhe stürzt die Kaskade in einen Tümpel. Picknickgelände und Liegewiese verleihen der Stelle den Charakter eines Freibades. Der Wasserfall ist nicht natürlich, auch wenn es den Anschein hat. Ende des 17. Jh. ließ der damalige Herr von Alte die Ribeira de Alte umleiten, um die Landschaft gefälliger zu gestalten. Vom Parkplatz am Friedhof (westlich von Alte an der N 124) führt ein Fußweg in 10 Min. zunächst steil hinab ins Tal und dann am Fluss entlang zum Wasserfall.

Parken

In den engen Gassen von Alte gibt es kaum Parkmöglichkeiten. Am besten stellt man das Auto gebührenfrei bei der Fonte Pequena am östlichen Ortsrand (Avenida Manuel Teixeira Gomes) ab (10 Min. Fußweg zum Zentrum).

Restaurants

€ | **O Folclore** Hier kommt ehrliche Hausmannskost auf den Tisch, wobei das Preis-Leistungs-Verhältnis gut ist. ■ Avenida 25 de Abril, Tel. 968 86 85 74, So geschl.

Cafés

Água Mel Feine Auswahl an Kuchen, Gebäck und Marzipan. Gemütlicher Kaffeehausstil. ■ Avenida 25 de Abril/ Largo José Cavaco Viera, Tel. 289 47 83 38, tgl. 9–18 Uhr

9 Salir

Winziges Dorf rund um die Ruine einer maurischen Burg

Information

■ Posto de Turismo, Centro Interpretativo de Arqueologia de Salir, Largo Pedro Dias, 8100-202 Salir, Tel. 289 48 91 37, www.cm-loule.pt

Das malerische Dorf (2700 Einw.) erstreckt sich über zwei Hügel. Auf dem östlichen steht die Kirche, auf dem westlichen wurden die Häuser in die Ruine einer maurischen Burg hineingebaut. Pflastergassen verbinden beide Ortsteile miteinander. In zwei etwas breiteren Straßen sind einige einfache Bars und Restaurants zu finden. Jeden ersten Sonntag im Monat findet in den Straßen von Salir der Mercadinho da Horta, ein Bauernmarkt, statt.

Im Blickpunkt

Rocha da Pena

Auf dem Kalkfelsen, den ein gut markierter Rundweg (2,5 Std., mittelschwer) erschließt, blühen im Frühjahr Orchideen und Narzissen. Ausgangspunkt ist die Bar das Grutas im Weiler Rocha (5 km von Salir, Anfahrt über N 124/M 503). Zunächst wandert man steil aufwärts bis zu einem Hochplateau und auf diesem Richtung Westen. Nach halber Gehzeit ist die Gipfelsäule auf dem Talefe (485 m) erreicht. Dann geht es hinab in das Dorf Penina und auf einem Fahrweg zurück nach Rocha.

Sehenswert

Castelo de Salir
| Festungsmauer |
Hier handelt es sich nicht um eine Burgruine im herkömmlichen Sinn, sondern um Mauerreste und drei mehr oder weniger verfallene Türme. Die Rua dos Muros do Castelo folgt der ehemaligen Wehrmauer. In der Anlage stehen heute Privathäuser. Offenbar war der Hügel schon in keltischer Zeit besiedelt. Die erste Burg wurde während der maurischen Almohadenherrschaft (12. Jh.) erbaut und nach der Reconquista vom Santiagoorden erweitert, um maurische Gegenangriffe abzuwehren. Bis zu den letzten Kämp-

fen zwischen Mauren und Christen im 13. Jh. hatte Salir eine wichtige strategische Stellung inne. Von dieser Zeit an verfiel die Burg. Schon Ende des 16. Jh. war sie nur noch eine Ruine. 1987 begannen Archäologen mit Ausgrabungen. Ihre Funde sind im Besucherzentrum am Fuß des Burghügels zu besichtigen (Eintritt frei).

 Events

Festa da Espiga Das Ährenfest, das an drei Tagen im Mai in Salir ausgerichtet wird, ähnelt unseren Erntedankfesten. Es finden Umzüge mit Traktoren statt, die mit Blumen und landwirtschaftlichen Produkten geschmückt sind. Dabei kommt altes Bauerngerät zum Einsatz, und die Besucher können Verköstigungen und Musik genießen.
■ www.salir.pt

10 Querença

Bergdorf mit lauschigem Dorfplatz, Station auf dem Jakobsweg

 Information

■ Posto de Turismo, Largo da Igreja, 8100-129 Querença, Tel. 289 42 24 95, www.cm-loule.pt

In Querença dreht sich alles um den gepflegten, für das kleine Dorf recht großen Kirchplatz mit dem Café D. Rosa als zentralem Treffpunkt der Einheimischen. Die umliegenden Häuser präsentieren sich herausgeputzt. Nach der sonntäglichen Messe füllen sich für gewöhnlich die beiden Lokale neben der Kirche mit dunkel gekleideten Menschen. Dann scheint jeder mit jedem zu palavern.

Die Fassade der Igreja Matriz in Querença prägt den zentralen Dorfplatz

Querença

Als die Landwirtschaft noch eine wichtige Einkommensquelle des Ortes war, lag Querença äußerst günstig in der Nähe bedeutender Süßwasserquellen. Nach wie vor sind die Hänge um den Ort mit Reben, Mandel- und Olivenbäumen bepflanzt. Doch die Landflucht sorgte gegen Ende des 20. Jh. für einen Rückgang der Bevölkerung von rund 3000 auf nur noch knapp 800 Bewohner.

Ende Januar feiert das Dorf das Fest der Paprikawurst: Zur Festa das Chouriças gehören Verköstigungen ebenso wie ein Umzug.

Die Festa do Petisco, das zweite kulinarische Fest, das im Ort gefeiert wird, findet in der zweiten Augusthälfte statt. Die »petiscos« sind deftige kalte und warme Häppchen, die typisch sind für die Region. Es lohnt sich, diese »portugiesischen Tapas« zu probieren.

Im Blickpunkt

Fonte Benémola

Das Naturschutzgebiet bei der Quelle bietet als eine der wenigen Stellen der Algarve viel Grün. Ein 4,5 km langer, markierter Rundweg beginnt an einem Parkplatz (3 km westlich von Querença, Anfahrt über die M 524 Richtung Tôr, dann der Beschilderung folgen). In dem feuchten Bachtal, durch das der Weg sich schlängelt, gedeihen Laubbäume, Oleander und Tamarisken. Hier fühlen sich Frösche wohl. Mit Glück bekommt man die Europäische Sumpfschildkröte oder sogar einen Fischotter zu sehen.

 Sehenswert

Igreja Matriz
| Kirche |

Der ursprüngliche Bau stammt aus dem 16. Jh., Glockenturm und Giebel der Hauptfassade wurden nach dem Erdbeben von 1755 erneuert. Sehenswert ist das Portal mit den manuelinischen Verzierungen. Früher war die Pfarrkirche eine wichtige Station auf dem Pilgerweg von der Algarve nach Santiago. Inzwischen hat der Strom der Wallfahrer stark nachgelassen.

■ Largo da Igreja, Messe So 9 Uhr

Pólo Museológico da Água
| Museum |

Die Ausstellung widmet sich dem Wasser und dessen Verwendung in der Umgebung. Ein Audioguide erleichtert das Zurechtfinden im Museum. Der Besucher erfährt allerlei Wissenswertes über Bäche und Quellen, Tiefbrunnen, Zisternen, Wassermühlen und Bewässerungskanäle. Außerdem werden das Naturschutzgebiet Fonte Benémola und die örtlichen Legenden rund ums Wasser thematisiert.

■ Largo da Igreja, Mo–Fr 9–13, 14–17 Uhr, Eintritt frei

 Parken

Kleiner Platz südlich der Kirche, größerer Parkplatz am nördlichen Ortseingang, beide gratis.

 Restaurants

€ | **Querença** In dem klassischen Restaurant kommt deftige einheimische Küche auf den Tisch. ■ Largo da Igreja, Tel. 926 84 97 00, Mo geschl.

11 São Brás de Alportel

Luftkurort mit netter Altstadt, Zentrum der Korkherstellung

Information

■ Turismo do Algarve, Largo de São Sebastião, 8150-107 São Brás de Alportel, Tel. 289 84 31 65, www.turismodoalgarve.pt
■ Posto de Informação Turistica Municipal, Rua Dr. Victorino Pinto 1–5, Tel. 289 84 00 00, www.cm-sbras.pt

Die Stadt (10 000 Einw.) blickt auf eine lange Geschichte zurück. Auf einer alten Römerstraße kann man heute noch spazieren. Ab dem 19. Jh. bescherte die Korkproduktion São Brás Wohlstand. Heute arbeiten von den einst 60 Fabriken nur noch vier. Aber im historischen Zentrum zeugen prächtige Herrenhäuser von der großen Zeit der Korkindustrie. Fast wirkt die herausgeputzte Altstadt wie ein Freilichtmuseum, durch das mehr Touristen als Einheimische zu schlendern scheinen. Früher oder später finden sich die einen wie die anderen in einem der Cafés am Largo de São Sebastião ein, dem großen Platz an der Nahtstelle zum neueren Teil der Stadt.

Sehenswert

Largo da Igreja
| Platz |

Der Kirchplatz am Südrand der Altstadt ist idealer Ausgangspunkt für einen Rundgang. Das heutige Erscheinungsbild der Pfarrkirche, der Igreja Matriz, ist das Ergebnis des Wiederaufbaus im 18./19. Jh. nach dem Erdbeben von 1755. Jacaranda-Bäume, die im Frühjahr violett blühen, säumen den Rand der angrenzenden Pflasterstraße. Von ihr führt die Rua Gago Coutinho nach Norden. An ihrem Beginn steht die Câmara Municipal (Rathaus), ein Stadtpalast aus dem 19. Jh.

Calçadinha Romana
| Archäologische Stätte |

Die Römerstraße verband vor zwei Jahrtausenden Faro mit Beja im Alentejo. Östlich der Pfarrkirche führt die Rua da Calçadinha zu einem freigelegten Abschnitt hinab, auf dem man sich einen Eindruck von der damaligen Straßenbaukunst machen kann.

■ Frei zugänglich

Centro Explicativo da Calçadinha
| Museum |

Im ehemaligen städtischen Schlachthof logiert heute ein archäologisches Museum. Der Schwerpunkt liegt auf Funden aus der Römerzeit.

■ Rua do Matadouro 2, www.cm-sbras.pt, Di–Sa 9.30–13, 14–17 Uhr

Jardim da Verbena
| Park |

Der Garten blieb vom ehemaligen Sommersitz des Faroer Bischofs erhalten. Große Bäume spenden Schatten. Der Palácio Episcopal (Bischofspalast) nebenan wurde seit seiner Erbauung im 16. Jh. oft verändert und beherbergt heute das städtische Tourismusbüro mit Kunstgewerbezentrum.

■ Rua Dr. Victorino J. Rodrigues Passos Pinto 3, Garten: Okt.–März tgl. 8–18, Mai–Sept. 8–20 Uhr, Eintritt frei

Fonte Nova
| Waschplatz |

Die »neue Quelle« entstand 1945 und war bis in die jüngere Vergangenheit

Das Museu do Traje (Trachtenmuseum) zeigt auch Kuhglocken und anderes Gerät

Treffpunkt der Frauen: Hier wuschen sie nicht nur die Wäsche, sondern tauschten auch Neuigkeiten aus. Der angeschlossene Garten wurde modern gestaltet.

■ Rua da Fonte/Rua Estácio da Veiga, frei zugänglich

Largo da Praça Velha
| Platz |

Der »alte Platz« war einst wichtiges Handelszentrum der Stadt. Letztes Zeugnis davon ist ein ehemaliges Handels- und Handwerkerhaus (Nr. 19) aus dem 19. Jh., das im neoarabischen Stil erbaut wurde. Beachtenswert sind die Hufeisenbogen an Türen und Fenstern und die schmiedeeisernen Verzierungen.

■ Frei zugänglich

Museu do Traje
| Museum |

Im ehemaligen Haus eines Korkfabrikanten zeigt heute das Trachtenmuseum die traditionelle Bekleidung der verschiedenen sozialen Schichten: Die Kleidung des Arbeiters und der Zofe sind hier ebenso zu sehen wie die der Edelleute und Händler oder des Klerus.

■ Rua Dr. José Dias Sancho 61, www.museu-sbras.com, Mo–Fr 10–13, 14–17, Sa/So 14–17 Uhr, 2 €

P Parken

Parque Público Hortas e Moinhos (Rua Dr. Victorino J. Rodrigues Passos Pinto), die zentralste Parkmöglichkeit in der Altstadt nahe der Kirche (gratis).

Restaurants

€ | **Horta** Traditionelle Küche wird in großen Portionen serviert. Außerdem gibt es einen günstigen Mittagstisch.
■ N 270 Richtung Santa Catarina da Fonte do Bispo, Tel. 289 84 38 30, Do geschl.

 €€€ | **Ysconderijo** Das Restaurant ist eine gute Adresse für moderne portugiesische Küche. Die hohe Qualität hat allerdings auch ihren Preis. ■ Rua Gago Coutinho 45, Tel. 967 13 93 81, Di–Sa 19–22 Uhr

 Cafés

Ervilha Gute Kuchenauswahl, viele Spezialitäten aus Mandeln und Marzipan. ■ Largo de São Sebastião 7, Tel. 289 09 87 69, Mo geschl.

 Einkaufen

Mercado Municipal In der städtischen Markthalle findet an jedem letzten Samstag im Monat der gastronomische Tag statt, dann werden Leckerbissen aus der Region serviert. ■ Avenida da Liberdade/Ecke Rua Boaventura Passos, Mo–Fr 8–18, Sa 8–13 Uhr

(5) **Pelcor** Traditionell produzierte die Firma Korken für Weinflaschen. Seit Sandra Correia die Fabrik in dritter Generation leitet und 2003 einen Regenschirm aus Kork vorstellte, wurde das Sortiment an Accessoires stetig erweitert. Die Sängerin Madonna trägt Mode aus dem Hause Pelcor. Beim Natogipfel in Lissabon 2010 bändigte Barack Obama seinen Hund Bo mit einem Halsband aus Kork, Hillary Clinton und Angela Merkel wurden mit Brieftaschen aus Kork ausgestattet. Angesichts dessen wirkt der Laden in São Brás de Alportel bescheiden. Während im Vorzeigestore in Lissabon nur die aktuellsten Teile angeboten werden, findet der Kunde in São Brás auch ältere Kollektionen zu günstigeren Preisen. ■ Rua Gago Coutinho 64, www.pelcor.pt, Mo–Fr 10–13, 14–19, Sa 10–13 Uhr

 Events

Feira de Setembro Am ersten Sonntag im September findet bei der Markthalle ein Kunsthandwerkermarkt mit zahlreichen Vorführungen statt.

 In der Umgebung

Novacortiça
| Korkfabrik |
Die Fabrik südöstlich von São Brás de Alportel ist im Rahmen einer zweistündigen Führung (port./engl.; telef. anmelden) zu besichtigen. Dabei werden die Produktionsschritte von der Korkeiche bis zum hochwertigen Champagnerkorken erklärt.
■ Parque Industrial da Barracha, M 514, Tel. 289 84 01 50, www.novacortica.pt, 12,50 €, erm. 5 €

12 Estoi

Ruhiges Landstädtchen mit lauschigen Plätzen und Rokokopalast

Fast schon verschlafen könnte man Estoi (3600 Einw.) nennen. Überall fallen die Jacarandabäume auf, die im Frühjahr blauviolett blühen, bevor die farnartigen Blätter treiben. Der schwarz-

ADAC Wussten Sie schon?

Korkeichen prägen weithin das Bild im Hinterland der Algarve. Portugal produziert als weltgrößter Lieferant nicht nur Korken für Weinflaschen, sondern auch Accessoires aus dem wasserabweisenden Material, etwa Taschen, Geldbörsen, Brillenetuis oder Gürtel. Sogar Bekleidung und Schuhe stehen auf dem Programm der Hersteller. Und natürlich die als Mitbringsel besonders beliebten Korkuntersetzer.

Estoi

Der Palácio de Estoi beeindruckt mit seiner Rokokofassade

weiß gepflasterte Largo Humberto Delgado hinter der Kirche belebt sich nur selten. Dies gilt auch für den Hauptplatz des alten Ortskerns, den charmanten Largo Ossónoba, an dem immerhin ein winziges Café zur Rast einlädt. Einige prächtige Stadthäuser lassen den ehemaligen Reichtum von Estoi erahnen, der auf der Landwirtschaft in der fruchtbaren Umgebung fußte.

 Sehenswert

Jardim do Palácio de Estoi
| Garten |
Der Palast im Rokokostil (18./19. Jh.) beherbergt heute ein Luxushotel (S. 95). Sein prächtiger Garten erinnert mit der geometrischen Anlage an Versailles und ist auf Anfrage an der Rezeption zugänglich. Zwischen Palmen, Baumriesen und Orangenbäumchen zieren ihn Skulpturen und Brunnen. Allein der Treppenaufgang vom Garten zum Palast ist mit seinen Azulejos eine Sehenswürdigkeit für sich.
■ Rua São José

Ruínas Romanas de Milreu
| Archäologische Stätte |
Im 1. Jh. entstand hier eine »villa rustica«, ein Landgut zur Versorgung der römischen Truppen. Marmorfußböden und Mosaiken sind einer Luxussanierung des Gutshauses im 2./3. Jh. zu verdanken, Tempel und Wasserbecken für kultische Handlungen gehen auf das 4. Jh. zurück. Bis zum 11. Jh. wurde das Gut durchgängig bewirtschaftet. In einem Bauernhaus, das in jüngerer Zeit errichtet wurde, ist heute ein Besucherzentrum untergebracht.
● Coiro da Burra (1 km westl. von Estoi), N 2-6, Mai–Sept. Di–So 10.30–13, 14–18.30, Okt.–April 9.30–13, 14–17 Uhr, 2 €, erm. 1 €

12 Estoi

Parken

In der Rua de São José, die zum Palácio de Estoi führt, gibt es eine Reihe von Parkbuchten. Alternativ stehen große Parkplätze in der Rua João Deus (am nordöstlichen Ortsrand beim Gesundheitszentrum Extensão de Saúde Estoi) und in der Rua do Cemitério (am Friedhof südlich des Ortes) zur Verfügung. Der Fußweg zum Palast beträgt von beiden Orten aus jeweils 10 Min.

Restaurants

€ | **O Branquinho** In dem bescheidenen Landrestaurant wird Hausmannskost auf Algarve-Art serviert: »Cataplana« gehört ebenso zum Angebot wie Stockfisch oder Thunfisch. ■ Rua de Faro 75, Tel. 289 04 30 74, Sa geschl.

13 Olhão

Großer Fischereihafen, Markthalle und historisches Viertel

Information

■ Posto de Turismo, Largo Sebastião Martins Mestre/Travessa da Lagoa 8 A, 8700-349 Olhão, Tel. 289 71 39 36; www.cm-olhao.pt
■ Parken: siehe S. 92

Bis in die Römerzeit reicht die Geschichte von Olhão (15 000 Einw.) zurück. Die eigentliche Ortsgründung durch Fischer erfolgte aber erst im 17. Jh. Sie genossen aufgrund ihres lockeren Lebenswandels einen schlechten Ruf, sehr zum Missfallen der Chorherren der Kathedrale von Faro. Aus einem Text von 1654 geht hervor, dass diese die Fischerhütten abbrennen

Der Fischmarkt in Olhão ist einer der eindrucksvollsten an der Algarve

wollten. Anfang des 19. Jh. erwarben die Bewohner von Olhão jedoch Ruhm und Ehre. Während der französischen Besatzung kam es am 16. Juni 1808 zu einem spontanen Volksaufstand, der zur Vertreibung der Franzosen von der Algarve führte. Als Revolta de Olhão ging das Ereignis in die portugiesische Geschichte ein. Damit begann der eigentliche Aufstieg der Stadt. Ihr lebendiger Mittelpunkt sind die beiden Markthallen am Meer. Ringsum liegen Cafés und Restaurants, eine Uferpromenade lädt zum Flanieren ein. In den schmalen, Fußgängern vorbehaltenen Seitengassen sind jede Menge Fotomotive garantiert. Mitte August findet das fünftägige Meeresfrüchtefestival (Festival do Marisco) statt.

ADAC *Mobil*

Ab Olhão (Fischereihafen) verkehren **Personenfähren** zur Ilha do Farol und Ilha da Culatra im Sommer ca. 6 x, im Winter ca. 5 x/Tag (Fahrtdauer 45 Min.), zur Ilha da Armona im Sommer 9–10 x, im Winter 4–6 x/Tag (Fahrtdauer 30 Min.). Zeiten unter www.olhaocubista.pt

⬤ Sehenswert

Mercado de Olhão
| Markthalle |

 Doppelmarkthalle im maurischen Stil, riesiges Angebot an Fisch

Seit 1916 sind die im orientalischen Stil gehaltenen Markthallen das Wahrzeichen der Stadt. Verspielte Türme mit Zwiebeldach markieren die Ecken der Gebäude. Der Maler António Costa Pinheiro (1932–2015) schuf 2004 die gewaltigen Fliesenbilder im Inneren mit Motiven, die Olhãos Verbindung zum Meer, zur vorgelagerten Lagune und zur ländlichen Algarve zeigen. In der westlichen Halle für Fisch und Meeresfrüchte geht es besonders lebhaft zu. Immerhin unterhält Olhão die größte Fischereiflotte der Algarve. In der östlichen Halle werden Obst, Gemüse und Fleisch verkauft, außen bieten einige Stände Kunsthandwerk an.
■ Avenida 5 do Outubro, Mo–Sa 7–13 Uhr

Antigo Edifício da Alfândega
| Fassade |

Das prunkvolle ehemalige Zollgebäude (Mitte 19. Jh.) vereint mehrere Baustile der Vergangenheit, die munter kombiniert wurden. Bis 1962 war hier die Zollverwaltung untergebracht. Ins Erdgeschoss sind inzwischen Restaurant, Café und Souvenirladen eingezogen.
■ Praça Patrão Joaquim Lopes

Zona Histórica
| Stadtviertel |

Fischerflair und kubische, ineinander verschachtelte Häuser charakterisieren die Altstadt von Olhão. Von der Uferstraße bei den Markthallen führen verwinkelte Gassen in das Labyrinth. Die auf den ersten Blick ungeordnet wirkende Bauweise war sehr praktisch. Meist bildete ein einfaches, quadratisches Haus die Basis. Wuchs die Familie, wurde angebaut. Sofern Platz vorhanden war, kam ein weiterer Würfel daneben, ansonsten auch aufs Dach. Das Gefüge erinnert zwar an nordafrikanische Siedlungen, ist aber kein unmittelbares maurisches Erbe.

Igreja Matriz Nossa Senhora do Rosário
| Kirche |

Die Pfarrkirche von Olhão (Anf. 18. Jh.) gefällt durch ihre barocke Fassade.

13 Olhão

Vom Turm genießt man einen schönen Blick auf das Häusermeer des historischen Viertels. An der Nordseite der Kirche beten die Fischerfamilien vor dem Altar der Capela do Senhor dos Aflitos (Herr der Bedrängnis) für eine sichere Fahrt.
■ Praça da Restauração, tgl. 9–12, 14.30–19 Uhr, Turmbesteigung 1 €

Museu da Cidade
| Museum |

In einem Gebäude aus dem 18. Jh. widmet sich das städtische Museum archäologischen Funden, dem Fischfang und der Salzgewinnung in der Region.
■ Praça da Restauração, Di–Fr 10–12, 15–17.30 Uhr, Eintritt frei

Verkehrsmittel

Bahn Faro alle 30–60 Min., Tavira ca. stdl.; Bahnhof in der Rua do Caminho do Ferro am Nordrand des Zentrums (Fußweg zum Markt 15 Min.).
Bus Faro alle 30 Min., Tavira/Vila Real Santo António alle 1–2 Std., Busbahnhof in der Rua General Humberto Delado nördl. der Innenstadt (Fußweg zum Markt 10 Min.).

Parken

Westlich der Markthallen in der Avenida 5 de Outubro (Parkautomat, ca. 0,40 €/Std.). Gebührenfreie große Parkplätze am Fischereihafen (Porto de Pesca) und am westlichen Stadtrand beim Jachthafen (Porto de Recreio), Fußweg zum Markt je 10 Min.

Restaurants

€ | Vai e Volta Einfaches Lokal mit nur einem Menü zum Festpreis: »rodízio de peixe grelhado« (gegrillter frischer Fisch aus der Markthalle mit leckeren Beilagen). Man isst, bis man satt ist.
■ Largo do Grémio 2, Tel. 968 02 75 25, www.vaievolta.pt, Di–So 12–15.30 Uhr
€€ | Vista Ria Restaurant der Fischervereinigung Grupo Naval de Olhão. Frischer, ehrlich zubereiteter Fisch und gute »cataplana«. ■ Avenida 5 de Outubro 2, Tel. 918 96 30 82, So geschl.

Cafés

Clamy 2 Gegenüber den Markthallen im alten Zollhaus, mit einer guten Kuchenauswahl. ■ Avenida 5 de Outubro/ Praça Patrão Joaquim Lopes

14 Ria Formosa

> *Eine der größten Lagunen Europas, Wandern und Bootsausflüge*

Information

■ Centro de Educação Ambiental de Marim, Quinta de Marim, Quelfes, 8700-194 Olhão, Tel. 289 70 02 19, www.icnf.pt

Früher waren Fischfang und Salzproduktion wichtige Wirtschaftszweige in der Lagunenlandschaft. Auch nutzten die Bauern Ebbe und Flut, um Getreide und Mais in Gezeitenmühlen zu mahlen. Seit 1987 steht die Ria Formosa als Parque Natural unter Schutz. Eingeschlossen ist das Küstengebiet von Faro bis östlich von Tavira. Viele Zugvögel machen hier Station oder überwintern im Gebiet (S.114). Symboltier des Naturparks ist das Purpurhuhn (Porphyrio porphyrio) mit blau schimmerndem Federkleid und rotem Schnabel. Mit sehr viel Glück zeigt sich das selten gewordene Chamäleon. Mehrere at-

Ria Formosa

Holzsteg durch die Dünenlandschaft zur Praia da Culatra

traktive Strandinseln liegen in der Lagunenlandschaft. Unbewohnt ist die Ilha Deserta (Wüsteninsel), auch Ilha da Barreta, vor Faro. Eigentlich sind die Ilha do Farol (mit Feriensiedlung und Leuchtturm) und die Ilha da Culatra eine Insel, doch ein militärisches Sperrgebiet trennt die beiden Teile. Fußgänger gelangen am Strand entlang in 45 Min. von der Praia do Farol zur Praia da Culatra. An beiden gibt es Restaurants und Liegenverleih. Ein weitläufiger, größtenteils sehr ruhiger Strand säumt die lang gezogene Ilha da Armona, deren Bootsanleger sich im Westteil bei einer Fischersiedlung befindet.

Sehenswert

Quinta de Marim
| Uferlandschaft |

Fußgängern erschließt sich hier ein Teil des Naturparks auf einem 3 km langen Lehrpfad (Broschüren auf Deutsch im angeschlossenen Informationszentrum). Unterwegs lassen sich Wasservögel beobachten. Man passiert eine alte Wassermühle und kann die Salzgewinnung der Römer nachvollziehen.

■ N 125 Richtung Quelfes (Schild: Parque Natural), Mo–Fr 8–20, Sa/So 10–20 Uhr, 2,50 €, erm. 1,25 €

Erlebnisse

Animaris führt ab Faro, Cais da Porta Nova (nahe der Einfahrt zur Marina), ganzjährig zweimal tgl. kommentierte Fahrten (ca. 1 Std.) durch die Lagunenlandschaft Ria Formosa zur Ilha Deserta durch, wo man so lange bleiben kann, wie man möchte (mit Restaurant). Mit Rückfahrt (4 x tgl., Dauer 35 Min.) kostet die Tour etwa 30 €, erm. 10 €. ■ www.animaris.pt

Faro und das Hügelland Barrocal

 ## Übernachten

In Faro selbst finden sich nur wenige Hotels. Hier steigen vorwiegend Gäste ab, die sich auf Geschäftsreise befinden. An der touristisch besonders gut erschlossenen Küste westlich von Faro zwischen Quinta do Lago und Vilamoura herrschen Unterkünfte der gehobenen Kategorie und Luxusklasse vor. Für Besucher, die motorisiert sind, lohnt es sich, eine Unterkunft ein paar Kilometer landeinwärts zu suchen, wo man preiswerter wohnen kann. Ferienwohnungen und -häuser liegen auch an der Algarve im Trend. Im Barrocal, dem Vorland zur Serra, sowie im Hinterland von Olhão sind solche Unterkünfte günstig zu mieten. Hier ist die Urlaubsatmosphäre abseits der großen Touristenströme außerdem etwas ruhiger.

Faro 66

€€ | **Eva** Modernes Stadthotel am Sporthafen, die meisten Zimmer mit Balkon. Reservierte Parkplätze stehen zur Verfügung. ■ Avenida da República 1, 8000-078 Faro, Tel. 289 54 01 54, www.ap-hotelsresorts.com

€€ | **Faro** Zentral gelegen, moderne Zimmer ohne Balkon, dafür gibt es eine schöne Dachterrasse. Videoüberwachter Parkplatz 12,50 €/Tag. ■ Praça Dom Francisco Gomes 2, 8000-168 Faro, Tel. 289 83 08 30, www.hotelfaro.pt

€€ | **Sol Algarve** In dem alten, zentrumsnahen Stadthaus verbirgt sich ein zeitgemäßes Hotel. Einige Zimmer mit Balkon. Die Zimmer zur Straße haben Schallschutzfenster. Garagenplatz 5 €/Tag. ■ Rua Infante Dom Henrique 52, 8000-363 Faro, Tel. 289 89 57 00, www.hotelsolalgarve.com

Quinta do Lago 75

€€€ | **Four Seasons Country Club** Weitläufige Apartmentanlage mit großem Sportangebot und edlem Restaurant. ■ Avenida André Jordan, 8135-024 Almancil, Tel. 289 35 70 00, www.fourseasonscountryclub.com

€€€ | **Quinta do Lago** Exklusives Golfhotel in schöner Lage. Zimmer aller Größen mit 5-Sterne-Komfort. ■ Avenida André Jordan, 8135-024 Almancil, Tel. 289 35 03 50, www.hotelquintadolago.com

Almancil 75

€€ | **Magnólia** Golf- und Wellnesshotel, Zimmer und Chalets mit Kochgelegenheit. Tennisplatz, Fitnessraum, Fahrradverleih. ■ Estrada da Quinta do Lago, 8135-106 Almancil, Tel. 289 07 01 90, www.hotelmagnolia.pt

Loulé 76

€ | **Loulé Jardim** In einem Altstadthaus, einige Zimmer mit Terrasse. Pool mit Liegefläche, Garage. ■ Largo Manuel de Arriaga, 8100-665 Loulé, Tel. 289 41 30 95, www.loulejardimhotel.com

Quarteira 78

€€ | **Dom José Beach** Großhotel an der Strandpromenade, gutes Preis-Leis-

Übernachten

tungs-Verhältnis. Am besten Zimmer mit Meerblick buchen! ■ Avenida Infante Sagres 143, 8125-157 Quarteir, Tel. 289 31 02 10, www.hoteldomjose.com

Vilamoura 79

€€ | **Vila Galé Marina** Bewährtes Hotel in idealer Lage. Die meisten Zimmer blicken zum Jachthafen. Gästegarage steht gegen Gebühr zur Verfügung. ■ Avenida da Marina, 8125-401 Vilamoura, Tel. 289 30 00 00, www.vilagale.com

€€€ | **Tivoli Marina Vilamoura** 5-Sterne-Haus an der Uferpromenade, mehrere Restaurants und Bars. Komfortable Zimmer bis hin zu Luxussuiten. ■ Marina Vilamoura, 8125-901 Quarteir, Tel. 289 30 33 03, www.tivolihotels.com

Alte 81

€ | **Alte** Landhotel mit Pool, gepflegtem Garten und Restaurant. Einfache, saubere Zimmer mit Balkon. Das angeschlossene Restaurant ist ein beliebtes Ausflugslokal. ■ Estrada de Santa Margarida (1 km westl. vom Ortszentrum), Montinho, 8100-012 Alte, Tel. 289 47 85 23, www.altehotel.com

Salir 83

€ | **Casa da Mãe** Acht Zimmer und ein Apartment in einem alten Bauernhof. Die Zimmer sind unterschiedlich eingerichtet, alle bieten Kochgelegenheit. ■ Rua de Ameijoafra (1 km nördl. des Ortes), 8100-155 Salir, Tel. 289 48 91 79, www.casadamae.com

€ | **Casa d'Avala** Ferien auf dem Bauernhof. Das Haus gehört zum Landgut Quinta do Freixo, wo noch Landwirtschaft betrieben wird. 8 Zimmer, 2 Suiten. ■ Rua Quinta do Freixo, 8100-352 Benafim, Tel. 289 47 21 85, www.quintadofreixo.org

São Brás de Alportel 86

€ | **Rocha da Gralheira** Landgasthof und Hotel. Zimmer mit Heizung und kleinem Balkon. Pool, Gästeparkplatz. Sehr ruhig etwas außerhalb. ■ Rocha da Gralheia (2 km westl. der Stadt), 8150-039 São Brás de Alportel, Tel. 289 84 23 94, www.rochadagralheira.com

Estoi 88

⑦ €€€ | **Pousada Palácio Estoi** Moderne Komfortzimmer in einem Anbau des Rokokopalasts von Estoi. Sie sind unterschiedlich groß, verfügen aber durchwegs über einen Südbalkon. Hotelgäste können den prächtigen Garten des Hauses nutzen. Bar und Restaurant befinden sich im Palast selbst. Zu den weiteren Annehmlichkeiten zählt ein großer Spa-Bereich. ■ Rua São José, 8005-465 Faro, Tel. 210 40 76 20, www.pousadas.pt

Olhão 90

€ | **Cidade de Olhão** Neues, zentral gelegenes Stadthotel mit gewissem Komfort. Auf der Dachterrasse gibt es einen kleinen Pool mit Liegeflächen. ■ Rua General Humbero Delgado 33, 8700-473 Olhão, Tel. 289 14 40 00, www.hotelcidadedeolhao.com

€€ | **Real Marina** Großes, modernes Hotel an der Uferstraße, mit Fitnesscenter, Spa-Bereich, je zwei Restaurants und Bars. Das zugehörige Real Marina Residence vermietet gut ausgestattete Apartments. ■ Avenida 5 de Outubro, 8700-307 Olhão, Tel. 289 09 13 00, www.realhotelsgroup.com

Sandalgarve und Rio Guadiana

Flache Badeinseln und urige Küstenorte prägen die östlichen Algarve, romantisch ist das Tal des Grenzflusses zu Spanien

In diesem Kapitel:

- **15 Fuseta** 98
- **16 Moncarapacho** 98
- **17 Tavira** 100
- **18 Cabanas** 107
- **19 Monte Gordo** 108
- **20 Vila Real de Santo António** 109
- **21 Castro Marim** 111
- **22 Foz de Odeleite** 113
- **23 Alcoutim** 114
- **24 Martim Longo** 116
- **25 Cachopo** 117
- Übernachten 118

Kilometerlange Strände, hinter denen sich oft Lagunen erstrecken, ziehen sich mit nur kurzen Unterbrechungen entlang der gesamten Sandalgarve. Besuchermagneten sind der pittoreske Ort Moncarapacho und vor allem die Altstadt von Tavira. Die Stadt am Rio Gilão gilt als Venedig der Algarve, auch wenn im Zentrum nur vier Brücken über den Fluss führen. An der spanischen Grenze glänzt als Vorzeigestadt Vila Real de Santo António vor dem großen Nachbarn. Die Sumpflandschaft an der Mündung des Rio Guadiana steht wegen ihrer reichen Flora und Fauna unter Schutz. Einst beherrschte der Christusritterorden die berühmte Burg von Castro Marim. Weiter flussaufwärts liegt das malerische Städtchen Alcoutim. Von hier verläuft der Fernwanderweg Via Algarviana über die Höhenzüge bis an das südwestliche Ende von Portugal. Kaum bewohnt sind die östlichen Ausläufer des Höhenzuges Serra do Caldeirão.

ADAC Top Tipps:

 Tavira
| Stadt |
Schmale Gassen ziehen sich durch die charmante Altstadt und über den Burghügel, viele Häuser am Fluss stehen direkt im Wasser. Über zwanzig Kirchen und sechs Klöster belegen die frühere Bedeutung. 100

Castelo de Castro Marim
| Burg |
In den Gründungsjahren nutzte der Christusritterorden die wuchtige Anlage als Hauptsitz. Ihr ältester Teil liegt innerhalb einer neueren Mauer als Burg innerhalb der Burg. 111

ADAC Empfehlungen:

 Casa A. Corvo, Fuseta
| Restaurant |
Stets gut besuchtes Fischlokal in Fuseta, der Koch grillt den Fang vor den Augen der Gäste. 98

 Ilha de Tavira
| Strandinsel |
Die Sandinsel vor der Küste von Tavira verfügt über einen der schönsten Strände der Algarve. 106

 Sapal de Castro Marim
| Feuchtgebiet |
Marschlandschaft und Sümpfe an der Mündung des Rio Guadiana bieten ideale Bedingungen für Seevögel und Meerestiere. 113

 Alcoutim
| Stadt |
Der ruhige Ort am Grenzfluss zu Spanien liegt abseits der Touristenströme und besticht durch seine Ursprünglichkeit. 114

 Museu Vivo, Cachopo
| Museum |
In Cachopo gibt es noch einige Woll- und Leinenweberinnen, in deren Schaffen man hier einen Einblick gewinnen kann. 117

Dunamar, Monte Gordo
| Hotel |
Ein recht großes Haus, aber in idealer Lage direkt am Strand. Für Selbstversorger gibt es Apartments. 119

15 Fuseta

Ursprünglicher Fischerort, Strände auf der vorgelagerten Insel

Die ersten Fischer ließen sich hier, an der Mündung der Ribeira Tronco, um das Jahr 1500 nieder. Es soll sich um die ersten Portugiesen gehandelt haben, die auf Kabeljaufang in den Nordatlantik hinaus segelten, vermutlich aus blanker Not heraus.
João Vaz Corte Real, ein Seefahrer aus Faro, hatte damals gerade eine neue Insel im Nordatlantik entdeckt, vielleicht das heutige Neufundland. Er nannte sie Terra Nova do Bacalhau (»neues Land des Kabeljaus«). Um den Fisch für den langen Transport haltbar zu machen, wurde er vorher getrocknet. Stockfisch wurde bald zur Nationalspeise der Portugiesen. Noch heute sieht man auf den Flachdächern der Altstadthäuser von Fuseta (2000 Einw.) Fisch zum Trocknen ausgelegt. Es handelt sich dabei allerdings nicht um Kabeljau aus nördlichen Gewässern, sondern um Überschüsse aus dem örtlichen Fang.
Der zentrale Parkplatz des Ortes liegt am Fluss (Largo 1° de Maio). Alle Wege im Ort führen zu dem kleinen Fischerhafen. Dort legt auch die Fähre zur Ilha da Armona ab. Auf der benachbarten Promenade kann man sich auf einer Bank niederlassen und dem Treiben zuschauen. Fuseta zieht sich einen Hang hinauf, oben auf dem Berg thront die einfache Igreja Matriz Nossa Senhora do Carmo. Ihr Baudatum ist unbekannt. Vom Kirchplatz ergibt sich ein schöner Blick auf die Ria, den schmalen Wasserstreifen zwischen dem Festland und den vorgelagerten Inseln.

Sehenswert

Praia da Fuseta
| Strand |
Der östliche Teil der Ilha da Armona heißt auch Ilha da Fuseta. Vielleicht handelte es sich früher um eine eigenständige Insel. An ihrer Meerseite liegt der Strand mit feinem, hellem Sand. In der Nähe der Fähranlegestelle gibt es zwei Strandbars, Schirm- und Liegenverleih (nur im Sommer). Etwas abseits wird es schnell ruhiger.

Verkehrsmittel

Bahn Stationen Fuseta (nordwestl. des Ortes, 15 Min. Fußweg ab Hafen) und Fuseta-A (westl. des Ortes 10 Min. ab Hafen). Nach Faro je 10 x tgl., Portimão 7–8 x tgl., Vila Real ca. stdl.
Bus ab Largo 1° de Maio (beim Hafen) nach Tavira ca. stdl., Vila Real de Santo António alle 2 Std.
Fähre http://harmoniafusetatours.pt, Juni/Juli/Aug. 8.30–19.45 Uhr, Sept./Okt. 9–18.45 Uhr, April/Mai nur eingeschränkt, 1,70 €, erm. 0,90 €

Restaurants

⑧ **€ | Casa A. Corvo** Einfaches Lokal am Hafen. Man sucht sich den Fisch aus, gegrillt wird er dann direkt vor den Augen der Gäste. ■ Largo 1° do Maio, Tel. 914 13 00 29, Di–Sa 11.45–15, 18–22, So 11.45–15 Uhr

16 Moncarapacho

Unter Denkmalschutz gestellter historischer Ortskern

Ein Besuch der Kleinstadt lohnt vor allem wegen ihres historischen Kerns.

Moncarapacho

Die Igreja Matriz im historischen Zentrum von Moncarapacho

Während die Fischer an der Küste noch in einfachen Hütten lebten, standen hier schon die ersten Steinhäuser. Im 15. Jh. war Moncarapacho die einzige eigenständige Gemeinde zwischen Tavira und Faro.

Am westlichen Ortseingang liegt ein großer Parkplatz (etwa 5 Min. Fußweg zum Zentrum). Die zentrale Praça da República verströmt trotz der 8000 Einwohner dörfliche Atmosphäre. Jacarandabäume spenden dem Platz Schatten, gemütliche Cafés fehlen natürlich nicht. Im Winter sind die Einheimischen hier unter sich, im Sommer platzen die Lokale fast aus den Nähten. Nach einem gepflegten Kaffee lohnt ein Gang durch die angrenzenden, von typischen Häusern gesäumten Gassen.

Sehenswert

Igreja Matriz
| Kirche |

An der Südseite des zentralen Platzes steht die Pfarrkirche. Das Nordportal ist im neugotischen Stil gehalten, während der Haupteingang (16. Jh.) als ein Hauptwerk der Renaissance an der Algarve gilt.
■ Praça da República, unregelmäßig geöffnet

Restaurants

€€ | **António** Hier wird mediterrane und internationale Küche serviert. Spezialitäten des Restaurants sind die auf dem heißen Stein am Tisch gebratenen Fleischgerichte. Einige Tische stehen draußen, drinnen isst es sich aber gediegener. ■ Avenida Maria Lizarda Palermo 124 B, Tel. 289 79 12 67, So geschl.

Einkaufen

Olaria Moncarapachense Irmãos Eugénio Die alteingesessene Töpferwerkstatt führt eine große Auswahl an traditionell oder modern bemalten Tellern, Tassen, Schüsseln und Krügen.
■ Rua do Carmo 14

17 Tavira

Stadt am Fluss mit historischen Häusern und Fischerbooten

Der Rio Gilão prägt die Atmosphäre im reizvollen Städtchen Tavira

Information

- Posto de Turismo, Praça da República 5, 8800-951 Tavira, Tel. 281 32 25 11, www.cm-tavira.pt
- Parken: siehe S. 104

Das Venedig der Algarve, mit Kirchen, Museen und viel Flair

Gelegentlich wird Tavira (15 000 Einw.) mit der italienischen Lagunenstadt verglichen. Tatsächlich stehen einige Häuser am Ufer des Rio Gilão direkt im Wasser, aber nur vier Brücken führen über den Fluss, und Kanäle gibt es nicht. Sage und schreibe 21 Kirchen und sechs Klöster zeugen von der ehemaligen Bedeutung der Stadt. Im Zentrum dreht sich alles um die dreieckige Praça da República. Hier sitzen die älteren Damen bei einer »bica« und einem Stück Mandelkuchen im Café, während die Jüngeren die Tische draußen bevorzugen, von denen sie den Flaneuren im angrenzenden Stadtgarten Jardim do Coreto zuschauen können. Von dem Platz ist es nur ein kurzer Weg zum Burghügel, auf dem sich die wichtigsten Sehenswürdigkeiten drängen.

In maurischer Zeit, ab dem 8. Jh., war »Tabila« eher ein kleines Dorf. Paio Peres Correia, später Großmeister des

Tavira

Plan
S. 102

Santiagoordens, eroberte den Ort 1239 für die Christen. Der Aufschwung begann 1266, als König Alfonso III. Tavira Gemeinderechte verlieh und der Hafen ausgebaut wurde. Immer mehr Handwerker, Kaufleute, Fischer und Bauern ließen sich nieder. Anfang des 16. Jh. war Tavira die größte und bedeutendste Stadt der Algarve. Rückschläge erfolgten durch die Pestjahre 1580, 1599 und 1645. Im 18. Jh. kam es dann zu einer zweiten Blütezeit. Viele Kirchen, Klöster, Paläste und Festungsanlagen wurden errichtet. Wirtschaftliche Bedeutung hatten Thunfischfang, Salzgewinnung, Woll- und Seidenweberei. Tavira hatte damals kaum weniger Einwohner als heute, nämlich etwa 12 000. Im 19./20. Jh. verlangsamte sich die Entwicklung. Heute ist der Tourismus ein wichtiger Wirtschaftszweig.

 Sehenswert

❶ Ponte Antigua
| Brücke |

Von der Praça da República führt die siebenbogige Brücke über den Rio Gilão. Sie wird auch Ponte Romana genannt, was auf einen römischen Ursprung schließen lässt. Erstmals schriftlich erwähnt wurde sie erst im 13. Jh., in ihrer heutigen Form stammt sie aus dem 17. Jh. Die komplizierte Konstruktion stellt ein beliebtes Fotomotiv dar. Ebenso werden die angrenzenden, im Wasser stehenden Häuser am Südufer des Rio Gilão oft abgelichtet.

❷ Núcleo Museulógico Islâmico
| Museum |

In einem alten Wohnhaus zeigt das Islammuseum Funde aus maurischer Zeit, die im Stadtgebiet ausgegraben wurden. Herausragendes Exponat ist die »Vase von Tavira« (um 1200), deren Rand mit einer detailgetreu herausgearbeiteten Gruppe aus Menschen- und Tierfiguren verziert ist.

■ Praça da República, http://museu municipaldetavira.cm-tavira.pt,
Di–Sa 9–16.30 Uhr, 2 €, erm. 1 €

❸ Igreja da Misericórdia
| Kirche |

Von den Renaissancekirchen in Portugal ist diese am besten erhalten. Reich

17 Tavira

verziert ist das nach italienischem Vorbild gestaltete Portal. Darüber thront eine Figur der barmherzigen Jungfrau, von den Heiligen Peter und Paul flankiert. Erbaut wurde die Kirche zwischen 1541 und 1551. Die vier barocken Seitenfenster kamen 1754 hinzu. Besonders sehenswert sind die blau-weißen Fliesenbilder (18. Jh.) im Kircheninneren, die Stationen aus dem Leben Christi zeigen.

■ Rua da Galeria, Di–Sa 9.30–12.30, 14–17 Uhr

❹ Igreja Matriz de Santa Maria do Castelo
| Kirche |

Die städtische Pfarrkirche auf dem Burghügel dürfte das älteste christliche Gotteshaus von Tavira sein. Gleich nach der Eroberung ließ der Orden der Ritter von Santiago sie an die Stelle einer maurischen Moschee setzen und das Minarett zum Kirchturm umgestalten. Das Erdbeben von 1755 zerstörte große Teile der Kirche, einzig ein gotisches Portal blieb erhalten. An der Turmuhr fällt das große Zifferblatt auf, das von weit her zu sehen ist. Im Inneren befindet sich ein kleines Kirchenkunstmuseum.

■ Calçada da Galeria, Mo–Fr 10–13, 14–17, Sa 10–13 Uhr, Museum 1,50 €

❺ Castelo de Tavira
| Burg |

Eine erste Festung entstand hier in maurischer Zeit (vermutl. Ende 11. Jh.). Die Christen bauten sie weiter aus. Geblieben ist nur eine Ruine. Dennoch lohnt der Besuch, denn der Blick von den Mauerresten auf die Stadt ist wunderbar. Das Innere der Anlage wurde zu einem schönen Garten umgestaltet. Am späteren Nachmittag finden sich Liebespaare an diesem romantischen Ort ein.

▪ Largo Abu-Otmane, tgl. 9–17 (Sommer bis 19) Uhr, Eintritt frei

6 Torre de Tavira
| Aussichtsturm |

Im ehemaligen Wasserturm ist eine Camera obscura installiert, die das Geschehen in Tavira in Echtzeit auf Bildschirme projiziert. Eine kleine Ausstellung widmet sich der Geschichte der Stadt.

▪ Calçada da Galeria 12, www.torredetavira.com, Mo–Fr 10–17 (Okt.–Jan. 10–16), Sa 10–13 Uhr, 4 €, erm. 3,50/2 €

7 Palácio da Galeria
| Museum |

Die Anfänge dieses herrschaftlichsten Hauses von Tavira gehen auf das Mittelalter zurück, wie die gotischen Elemente belegen. Innenhof und Galerie wurden im 16. Jh. gestaltet und sind ein schönes Beispiel für die Renaissance an der Algarve. Eine permanente Ausstellung zeigt Funde aus phönizischer Zeit. Häufig finden auch Wechselausstellungen zeitgenössischer Künstler statt.

▪ Calçada da Galeria, http://museumunicipaldetavira.cm-tavira.pt, Di–Sa 9.30–12.30, 14–17.30 (Winter), 15–18.30 Uhr (Sommer), 2 €, erm. 1 €

8 Igreja Matriz de Santiago
| Kirche |

Hier stand früher eine Moschee. Im Laufe der Jahrhunderte erhielt die Kirche immer neue Anbauten, weshalb sie heute sehr verschachtelt wirkt. Über dem Südportal prangt ein Wappen, das den hl. Jakob (Santiago) als Krieger auf dem Pferd zeigt.

▪ Rua Dom Peres Correira, tgl. 9–12, 14–17 Uhr

9 Capela de Nossa Senhora da Consolação
| Kapelle |

Die äußerlich unscheinbare Kapelle (1648) ist in eine Häuserzeile integriert. Auch innen zeigt sie sich sehr schlicht,

Im Blickpunkt

Bunte Fliesenkunst

Azulejos, die auf die Mauren zurückgehen, sind typisch für Portugal und die Algarve. In der christlichen Epoche entstanden großformatige Wandbilder aus Fliesen, die sich allen Stilrichtungen anpassten. So wurden im Barock ganze Kirchen mit Heiligendarstellungen ausgekleidet. In Adelspalästen fanden Azulejos bei der Gestaltung von Treppenaufgängen, Terrassen und Speisesälen Verwendung. Damals herrschten die Farben Blau und Weiß vor, eine Mode, die auf Fliesenimporte aus den Niederlanden zurückging. Mit dem Klassizismus kamen dann vielfarbige Bilder auf. Zu Beginn des 20. Jh. kamen Jugendstil-Azulejos im öffentlichen Raum zum Einsatz, etwa bei der Verschönerung von Parkbänken und Brunnen. Anschließend ebbte die Begeisterung ab. Erst in jüngerer Zeit erfolgt eine Rückbesinnung. Moderne Beispiele sind hier und da an Bürogebäuden oder Hotels zu bestaunen.

17 Tavira

Plan S. 102

Im ehemaligen Mercado da Ribeira befinden sich heute Geschäfte und Cafés

einzig der Sockel der Wände wurde mit blau-weißen Fliesen verziert. Das Retabel aus dem 18. Jh. birgt eine Statue der Jungfrau des Trostes. 1870 wurde sie renoviert und nach einem Hochwasser 1989 erneut repariert.

■ Avenida da Liberdade, unregelmäßig geöffnet

⑩ Mercado da Ribeira
| Markthalle |

Von 1887 bis 1999 befand sich hier der Hauptmarkt von Tavira. Heute sind in der Halle Restaurants, Cafés und Souvenirläden untergebracht. Beachtung verdienen die elegante Fassade und die für die Erbauungszeit typische, tragende Eisenkonstruktion im Inneren.

■ Rua Dr. José Pires Padinha

⑪ Praça Dr. António Padinha
| Platz |

Der gepflegten Platzanlage spenden Palmen und alte Bäume Schatten. Restaurants und Cafés stellen Tische und Stühle ins Freie. An der Nordkante der Praça steht die Igreja Nossa Senhora da Ajuda (auch Igreja de São Paulo), ein Beispiel für den Anfang des 16. Jh. üblichen »Estilo Chão« (vgl. S. 70). Ursprünglich war sie die Klosterkirche der Eremiten des hl. Paulus. Nach Auflösung aller religiösen Orden in Portugal wurde sie der Bruderschaft Nossa Senhora da Ajuda (Maria Hilf) übergeben, heute ist sie Pfarrkirche.

Verkehrsmittel

Bahn Tgl. mehrere Verbindungen nach Faro, Albufeira und Vila Real de Santo António. Entferntere Ziele mit Umstieg. Tavira hat zwei Bahnhöfe: Station Tavira und Station Porta Nova (zu Fuß jeweils 15 Min. vom Zentrum), Plan S. 102 südwestl. a3 bzw. nördl. b1.
Bus Gute Anbindung an alle Orte der näheren Umgebung, Faro etwa stdl., Vila Real de Santo António etwa alle 2 Std. (www.eva-bus.com); weiter entfernte Ziele mit Rede expressos (www.rede-expressos.pt); Fernbus nach Lissabon etwa 5 x tgl. (www.renex.pt). Zentrale Haltestelle zentrumsnah in der Rua dos Pelames, Plan S. 102 a2

Parken

Gratis-Parkplätze an der nördl. Einfallstraße Rua Chefe António Afonso (nördl. des Busbahnhofs, Plan S. 102 a1) sowie an der Rua Dr. José Pires Padinha (am Ufer des Rio Gilão beim Anleger der Fähre zur Ilha de Tavira, Plan S. 102 östl. c3), je ca. 400 m vom Zentrum.

Tavira

 Restaurants

€ | Casa Simão Deftige portugiesische Küche und große Portionen. Von den Stadtbewohnern vorwiegend mittags wegen der günstigen Tagesmenüs (Prato do Dia) besucht. ■ Rua João Vaz Corte Real 10, Tel. 281 32 16 47, Mo–Sa 12–22 Uhr, Plan S. 102 b1

€ | Quatro Águas Typisches Restaurant mit einem großen Speiseraum und überdachter Terrasse. Serviert wird solide Hausmannskost. Einheimische Familien lieben es. ■ Estrada Quarto Águas, Tel. 281 38 12 72, Di–So 12–22.30 Uhr, Plan S. 102 östl. c3

€€ | Abstracto Trotz der künstlerisch anmutenden, recht eigenwilligen Einrichtung unverfälschte portugiesische Küche. ■ Rua Doutor António Cabreira 34, Tel. 937 03 77 12, Fr–Mi 12–15, 18–22 Uhr, Plan S. 102 b1

€€ | Aquasul Mediterrane Küche mit modernem Einschlag. Bei den Zutaten legt der Koch Wert auf biologische und lokale Produkte. ■ Rua Doutor Augusto Silva Carvalho 11, Tel. 281 32 51 66, Mo–Sa 18.30–22 Uhr, Plan S. 102 b1

 Cafés

Pastelaria Romana Die alteingesessene Konditorei in zentraler Lage ist ein schöner Ort, um das Geschehen zu beobachten. ■ Praça da República 1, Plan S. 102 b2

 Einkaufen

Casa do Artesanato Kunsthandwerk der Region. ■ Calçada da Galeria 1, Mo–Sa 10.30–13, 14–17.30 Uhr, Plan S. 102 a2

Mercado Municipal Moderne Markthalle mit Gemüse, Obst und einer gro-

Die schön angelegte Praça Dr. António Padinha im Zentrum von Tavira

ßen Fischabteilung und dem Bioladen Beterraba (www.beterraba-tavira.com), der u.a. Olivenöl, Käse und Naturkosmetik mit Ölessenzen aus dem Alentejo führt. ■ Avenida Dom Manuel, Mo–Sa 7–15, 15. Juni–15. Sept. 6.30–15, Okt.–März 7.30–15 Uhr, Plan S. 102 südöstl. c3

im Zeichen der Mittelmeerküche. Restaurants bieten mediterrane Spezialitäten an, am Rio Gilão gibt es einen Erzeugermarkt, im Mercado da Ribeira kulinarische Workshops. Mit großem Rahmenprogramm. ■ www.cm-tavira.pt

 Kneipen, Bars und Clubs

Xiri Beach Bar Schicke Strandbar mit frischen Fruchtsäften, großer Cocktailauswahl und Kaffee. Mit Liegenverleih. ■ Ilha de Tavira, Praia de Tavira, Tel. 915 70 00 10, Plan S. 102 südöstl. c3

 Sport

Abilio Bikes Fahrradverleih und geführte Touren. Für Genussradler und Sportler. ■ Rua João Vaz Corte Real 23 A, Tel. 281 32 34 67, www.abiliobikes.com, Rad pro Tag ab ca. 8 €, Plan S. 102 b1

 Events

Verão em Tavira »Sommer in Tavira« zwischen Juli und September mit einer Reihe von Veranstaltungen: Gastronomie, Musik, Ausstellungen und vieles mehr. ■ www.cm-tavira.pt
Feira da Dieta Mediterrânica Vier Tage lang Anfang September stehen im historischen Zentrum von Tavira

 In der Umgebung

Ilha de Tavira
| Strandinsel |

 Flache, sandige Badeinsel vor der Lagune

Die Insel mit 10 km langem Strand an der Meerseite ist Teil des Naturparks Ria Formosa. An der Bootsanlegestelle gegenüber von Tavira liegen ein Cam-

Cabanas, ehemaliges Fischerdorf am Rande des Naturparks Ria Formosa

ADAC *Mobil*

Ganzjährig fahren Personenfähren von Silnido (www.silnido.com) zur **Ilha da Tavira**. Sie legen direkt in Tavira am Rio Gilão, Rua Doutor José Pires Padinha (ganzjährig 10–16.30 Uhr ca. stdl., hin/zurück 2 €, erm. 1 €) sowie 3 km außerhalb im Stadtteil Quatro Águas (Winter 9–16.45 Uhr etwa stdl., Sommer öfter, 1,50 €, erm. 0,80 €) ab.

pingplatz und eine kleine Feriensiedlung. Daran grenzt der belebteste Strandabschnitt, die Praia de Tavira, mit guter Infrastruktur: Strandrestaurants, Bars, Liegenverleih und Sportangebote sind vorhanden. Richtung Westen wird es an der Praia da Terra Estreita einsamer. An der Praia do Barril (mit Strandrestaurant) ist schon wieder mehr los, denn hierher führt eine Brücke vom auf dem Festland gelegenen Ferienort Pedras del Rei (Parkmöglichkeiten) und anschließend eine Schmalspurbahn quer über die Insel zum Strand. Noch einmal ca. 3 km westlich liegt mit der Praia do Homem Nu der einzige offizielle FKK-Strand der Algarve.

18 Cabanas

Fischerdorf mit altem Ortskern und vorgelagerter Sandbank

Als der Thunfischfang in den 1730er-Jahren gutes Einkommen versprach, bauten Fischer hier die ersten Hütten (cabanas), saisonal genutzte Lagerschuppen. Erst später wohnten sie permanent hier. Ihre gedrungenen Häuser stehen noch in den Gassen im alten Dorfkern. Rund um den Ort erstrecken sich heute Ferienresorts und Golfplätze. Die schmale Uferstraße Avenida Ria Formosa ist auf der Landseite von Cafés und Restaurants gesäumt, auf der Meeresseite verläuft eine Promenade aus Holzplanken. Wer sich hier auf einer Sitzbank niederlässt, kann die kleinen Fischerboote auf der Ria vorbeiziehen sehen. Noch etwa 30 von ihnen fahren regelmäßig zum handwerklichen Fang hinaus.

 Sehenswert

Praia de Cabanas
| Strand |

Die vorgelagerte Ilha de Cabanas ist nur per Boot erreichbar (s.u.). Sie besitzt einen 8 km langen, kinderfreundlichen Sandstrand. Er ist wenig überlaufen und es findet sich immer ein ruhiges Plätzchen. Im Sommer öffnen Restaurant und Strandbar. Für das richtige Flair sorgen Kitesurfer, die den kräftigen Wind zu nutzen wissen.

 Verkehrsmittel

Bahn Bahnhof Conceição 1,5 km nördlich (Fußweg 20 Min.), ca. stdl. nach Faro und Vila Real

Bus nach Tavira alle 90 Min. ab Westende der Avenida Ria Formosa

Personenfähre zur Ilha de Cabanas im Sommer häufig ab Avenida Ria Formosa gegenüber der Markthalle, hin/zurück 1,50 €

 Parken

Großer gebührenfreier Parkplatz in der Rua de Vasco de Gama östlich des Zentrums, nahe Uferstraße.

18 Cabanas

Restaurants

€€ | **A Grelha** Das Restaurant hat die Atmosphäre eines Weinkellers und einen gemütlichen Innenhof. Gespeist werden Fisch und Fleisch vom Grill. ■ Rua José Correia do Nascimento 9, Tel. 965 11 30 22, Mo geschl.

€€ | **Mariscos e Petiscos** In dem großen Restaurant gehen wegen der ausnehmend guten Qualität von Fisch und Meeresfrüchten, die hier serviert werden, auch viele Einheimische essen. ■ Avenida Ria Formosa 110 A, Tel. 281 37 07 22, tgl. geöffnet

Erlebnisse

Costaboat Tours Das vielseitige Programm reicht von Ausfahrten zur Delfinbeobachtung über Rundfahrten durch die Ria Formosa, Vogelbeobachtung, Kajaktouren, Schnorcheln bis hin zu Jeepsafaris. ■ Avenida Ria Formosa, Tel. 912 52 58 58, www.costaboattours.pt, Bootsfahrt 1 Std. ca. 10 €

19 Monte Gordo

Wichtiges Urlaubszentrum, lange Sandstrände und Pinienhaine

Information

■ Posto de Turismo, Avenida Infante Dom Henrique, 8900-412 Monte Gordo Tel. 281 54 44 95, www.cm-vrsa.pt

Hier entstand das erste Ferienhotel der Algarve, das heute noch existierende Vasco da Gama (S 119). Im Februar 1962 quartierte sich Ingrid Bergman dort als erster prominenter Gast ein. Damit kann Monte Gordo als Pionierort für die touristische Entwicklung der Küste angesehen werden. Seit dieser Zeit kamen zahlreiche Hotels und viele Apartmentanlagen hinzu , wobei sich das Angebot immer wieder den Bedürfnissen angepasst hat. Das größte Kapital der reinen Urlaubersiedlung ist ihr kilometerlanger, feiner Sandstrand, der nicht nur zum Baden, sondern auch zu ausgedehnten Spaziergängen einlädt. Der Pinienwald in der flachen Umgebung eignet sich hervorragend für entspannte Radtouren.

Verkehrsmittel

Bahn Bahnhof 1,5 km nördlich des Zentrums (Fußweg 20 Min.).
Bus Faro/Vila Real de Santo António mehrmals tgl. ab Haltestelle »Praia« am Ostende der Avenida Infante Dom Henrique; öfter halten Busse an der

---

Im Blickpunkt

Fischfang früher und heute

Der König der Fische der Algarve war jahrhundertelang der Thunfisch. Er wurde auf hoher See mit ausgeklügelten Methoden gefangen, ganze Küstenorte hingen wirtschaftlich davon ab. Mit dem Ausbleiben der großen Schwärme seit Jahrzehnten starb die Kunst des Thunfischfangs aus. Damit kam auch die Herstellung von Thunfisch- und Sardinenkonserven in Olhão und Portimão praktisch zum Erliegen. Heute betätigen sich die verbliebenen Fischer im Küstenfischfang und beliefern Märkte und Restaurants mit allerlei Meeresgetier.

Vila Real de Santo António

Das Centro Cultural António Aleixo in Vila Real de Santo António lohnt einen Besuch

Haltestelle »Monte Gordo« am Kreisverkehr der Zufahrtsstraße von Norden (Fußweg zum Strand 10 Min.).

 Parken

Vier große gebührenpflichtige Parkplätze entlang der Uferstraße Avenida Infante Dom Henrique; gratis parkt man am Ostrand des Strandes nahe dem Hotel Dunamar auf einem großen Erdparkplatz (Zufahrt ab M 511).

 Restaurants

€ | **Vale do Douro** Hausmannskost à la Algarve, v.a. reichlich Fisch. ■ Rua Gil Eanes 17, Tel. 281 54 40 80, Fr–Mi 12–15 Uhr

€€ | **O Jaime** Portugiesen, die in Monte Gordo Urlaub machen, speisen gerne hier. Mit überdachter Terrasse. ■ Praça Luis Camões 1, Tel. 281 54 22 78, tgl. 12–16, 18–23 Uhr

 Sport

Turfortes Verleih von Fahrrädern, Mountainbikes, Rennrädern, E-Bikes. Die flache Umgebung eignet sich hervorragend zum Radfahren. ■ Rua Bartolomeu Perestrelo 2, Tel. 281 51 10 22, www.turfortes.com, Rad ab 5 €/Tag

20 Vila Real de Santo António

Herausgeputzte Einkaufsstadt an der Grenze zu Spanien

 Information

■ Ponto de Informação turística da Alfândega, Avenida da República 82 (am Fähranleger nach Spanien), 8900-204 Vila Real de Santo Anónio, Tel. 281 51 10 36, www.cm-vrsa.pt
■ Parken: siehe S. 111

Vila Real de Santo António

Ursprünglich gab es kurz vor der Mündung des Rio Guadiana auf portugiesischer Seite nur ein kleines Fischerdorf. Als das Erdbeben von 1755 die benachbarte Festungsstadt Castro Marim verwüstete, musste aus strategischen Gründen schnell eine neue Stadt erbaut werden. Verantwortlich für die Planung war der damalige Premierminister Marquês de Pombal, der sich gerade zuvor um den Wiederaufbau von Lissabon verdient gemacht hatte. Er ließ in Vila Real de Santo António am 17. März 1774 den ersten Grundstein legen. Knapp vier Monate später standen schon das Rathaus und das Zollgebäude, und bereits am 13. Mai 1776 war die neue Stadt »fertig«.

Noch heute ist das rechtwinklige Straßennetz prägend für die Stadt. Die Häuser folgen einer strengen Architektur, dem »Estilo Pombalino«. Sie sind maximal vier Stockwerke hoch und haben meist einen Arkadengang mit Ladenlokalen im Erdgeschoss. Aufwendige Verzierungen ließ Pombal nur an Türen und Fenstern zu. Sein Ziel waren erdbeben- und feuersichere Gebäude. Jedes Haus hat seine eigenen Außenwände und eine flexible Holzkonstruktion. Um die Arbeiten zu beschleunigen, wurden die Bauelemente vorgefertigt und in der Stadt nur zusammengesetzt, eine für die damalige Zeit revolutionäre Fertigbauweise.

Trotzdem hat Vila Real durchaus Charme, vor allem rund um die zentral gelegene, schwarz-weiß gepflasterte Praça Marquês de Pombal. Zahlreiche Geschäfte locken Besucher aus ganz Spanien an. Wer hier stöbert, kann so manches Schnäppchen machen. Günstig sind Heimtextilien und Haushaltswaren. Als Mitbringsel eignen sich Kupfertöpfe für die »cataplana« oder Artikel aus Kork. Nach dem Einkaufsbummel laden Straßencafés zur Einkehr ein.

ADAC *Wussten Sie schon?*

Das klassische Gericht der Algarve heißt »**cataplana**«, genau wie der mit Klemmen luftdicht verschließbare Kupftertopf, in dem es schonend gegart wird. Hinein kommen verschiedene Sorten Fisch oder Meeresfrüchte, dazu Tomaten, Zwiebeln und Paprika. Gewürzt wird das Gericht mit Knoblauch, Lorbeer, Chilis und Koriander.
Im Restaurant kann man es meist erst bestellen, wenn mindestens zwei Personen mitessen.

ADAC *Mobil*

Von Vila Real bietet sich ein bequemer Ausflug zu Fuß nach **Spanien** mit einer kleinen Autofähre an, die alle 30–60 Min. an der Uferstraße ablegt (pro Person und Strecke 1,90 €, www.rioguadiana.net). Zwar führt die Autobahn A 22 nördlich der Stadt über eine spektakuläre Brücke ins Nachbarland, Mietwagenfirmen erlauben jedoch den Grenzübertritt meist nur gegen Aufpreis.

Verkehrsmittel

Bahn Bahnhof nördlich des Zentrums, Fußweg 15 Min.
Bus Faro alle 90 Min., Monte Gordo alle 30–60 Min., Castro Marim alle 1–2 Std.; Haltestelle am Fähranleger nach Spanien

Castro Marim

Parken

Große gebührenpflichtige Parkplätze im Bereich Avenida Ministro Duarte Pacheco/Rua 5 de Outobro, Zufahrt über die Rua Dr. Teófilo Braga (Fußweg zum Zentrum 5 Min.)

Restaurants

€ | **Casa Pisa II** Das authentische Lokal setzt auf Tintenfisch, gegrillte Sardinen und Thunfisch. ■ Rua Jornal do Algarve/Rua General Humberto Delgado, Tel. 281 54 31 57, Mi geschl.

Erlebnisse

Riosultravel Veranstaltet im Sommer regelmäßig Tageskreuzfahrten auf dem Fluss nach Foz de Odeleite, bei denen der Besuch einer kleinen Käserei samt regionaltypischem Mittagessen mit Live-Folkloremusik auf dem Programm steht. ■ Rua Tristão Vaz Teixeira 15, Tel. 281 51 02 00, www.riosultravel.com, ca. 50 €

In der Umgebung

Ayamonte
| Stadt |

Die spanische Grenzstadt liegt an der Mündung des Rio Guadiana. Sie erlebte vom 16./17. Jh. bis ins 19. Jh. eine Blütezeit. Aus dieser Epoche reihen sich prächtige Stadtpaläste und Kirchen an den gepflegten Fußgängergassen. Als Ausgangspunkt für einen Streifzug bietet sich der Platz Paseo de la Ribera an. Im Zentrum der Altstadt liegt die Plaza de la Laguna mit einigen Straßencafés.

■ Oficina de Turismo, Calle Huelva 27, Tel. +34/959 32 07 37, www.ayamonte.es

21 Castro Marim

Ehemalige Burg des Christusritterordens, von Marschland umgeben

Information

■ Posto de Turismo, Rua Dr. José Alves Moreira 2–4, 8950-138 Castro Marim, Tel. 281 53 12 32, www.cm-castromarim.pt
■ Parken: siehe S. 113

Die Portugiesen eroberten 1242 das zuvor maurische Castro Marim. Seither scheint sich wenig geändert zu haben. Zwei Burgen thronen über der beschaulichen Siedlung, in der das Leben noch heute einen traditionellen Gang geht. In den Bars schlürfen ältere, meist dunkel gekleidete Männer ihre »bica« am Tresen, während sich an den Tischen draußen sportlich trainierende Radfahrer ein Stelldichein geben.

Sehenswert

Castelo de Castro Marim
| Burg |

 *Mittelalterliche Festung, ehemaliger Hauptsitz der Christusritter*
Von 1319 bis 1356 hatten die Christusritter hier ihren Hauptsitz. Später verlegten sie ihn nach Tomar in Mittelpor-

Gefällt Ihnen das?

Fans von mittelalterlichen Burgen kommen nicht nur in Castro Marim auf ihre Kosten, sondern auch etwa in **Salir** (S. 83), wo gleich das halbe Dorf ins Castelo hineingebaut wurde, oder in **Alcoutim** (S. 114), wo der Blick vom Castelo da Vila über den Rio Guadiana nach Spanien schweift.

21 Castro Marim

tugal. In dieser Zeit errichteten sie den neueren Teil der Burg mit der Igreja da Misericórdia. Ein kleines archäologisches Museum widmet sich heute der Geschichte der Karthager und Phönizier. Der obere, ältere Teil der Burg, ein eckiges Kastell, stammt aus dem 13. Jh. Von dessen begehbarem Wehrgang aus ergibt sich ein umfassender Blick auf den Ort, das gegenüberliegende Forte de São Sebastião (17. Jh.) und weit über die Landschaft.

■ Travessa do Castelo, www.cm-castro marim.pt, Okt.–März 9–17, April–Sept. 9–19 Uhr, 1,10 €, erm. 0,55 €

Sapal de Castro Marim
| Feuchtgebiet |

 Sumpflandschaft, in der Flamingos und Störche leben

Östlich von Castro Marim, zum Rio Guadiana hin, liegt ein ausgedehntes Feuchtgebiet, das unter Naturschutz steht. Zahlreiche Wasservögel finden hier ideale Bedingungen. Ausgehend von einem Informationszentrum erschließt ein 6 km langer, gut markierter Wanderweg das Sumpf- und Marschenland. Auf den ersten 500 m ist er ein Lehrpfad mit Schautafeln. Die Anfahrt erfolgt auf einer 2 km langen Piste ab der N 122 Richtung Alcoutim.

■ Centro de Informação e Interpretação da Reserva Natural do Sapal de Castro Marim, www.icnf.pt, Mo–Fr 9–13, 14–18 Uhr, Eintritt frei

 Parken

Gebührenfreier Parkplatz am westlichen Ortsrand (Rua São Gonçalo de Lagos), wenige Minuten vom Zentrum.

Blick auf Castro Marim und seine mittelalterliche Festung

ADAC *Mittendrin*

Ende August oder Anfang September feiert Castro Marim fünf Tage lang die **Dias Medievais** (Mittelaltertage). In der Burg werden traditionelle Handwerkskünste vorgeführt, wie in alten Zeiten gibt es Reitturniere. Bei einem großen Umzug tragen die Einheimischen mit Begeisterung die speziell für diesen Anlass angefertigten historischen Kostüme. Außerdem stehen Vorführungen für Kinder und Musikveranstaltungen auf dem Programm.

 Restaurants

€ | **A Tasca Medieval** Hier werden gute einheimische Gerichte serviert, darunter viel Frisches aus dem Meer. Daneben sind auch Tapas im Angebot.
■ Rua 25 de Abril 65, Tel. 281 51 31 96, Di geschl.

 Einkaufen

Terras de Sal Der kleine Laden hat sich auf Salinensalz in verschiedenen Variationen spezialisiert. ■ Rua Dr. José Alves Moreira 15, www.terrasdesal.com, Mo–Fr 9–12.30, 14–17.30 Uhr

22 Foz de Odeleite

Dorf am Ufer des Rio Guadiana mit alten Pflasterstraßen

Obwohl Foz de Odeleite etwa 2 km oberhalb der Mündung des Rio Guadiana liegt, strömt das Wasser hier bei Flut noch flussaufwärts. Es ist verblüffend zu beobachten, wie sich die vor Anker liegenden Sportboote mit den

Im Blickpunkt

Wasservögel an der Algarve

In den Feuchtgebieten Ria Formosa, Sapal de Castro Marim und Ria de Alvor tummelt sich eine reiche Vogelwelt. Manche Arten, wie der Weißstorch, leben ganzjährig hier. Andere kommen zum Überwintern aus dem Norden oder machen als Zugvögel auf dem Weg von und nach Afrika an der Algarve Station. Zu den Wintergästen zählen viele Entenarten, Regenpfeifer und Uferschnepfen, außerdem Graureiher, Silberreiher, Löffler und Flamingos. Die beiden Letzteren ziehen in der kältesten Jahreszeit auch manchmal weiter zum afrikanischen Kontinent. Neben den sehr häufigen Mittelmeermöwen sind im Winter Heringsmöwen in großer Zahl zu sehen. Auch Wildgänse und Fischadler werden beobachtet. Daneben kommen noch stärker gefährdete Vögel vor: Stelzen, Säbelschnäbler, Triel (Burhinus oedicnemus), Seeschwalben oder die Stummellärche (Callandrela rufescens).

Gezeiten drehen und ihren Bug stets gegen den Strom stemmen. In dem ehemaligen Fischerdorf sind die Straßen noch mit grobem altem Pflaster befestigt und zu eng für den Autoverkehr. Heute dienen die Häuser vorwiegend als Zweitwohnsitze. Der Ort ist Ziel von Ausflugsfahrten per Boot ab Vila Real de Santo António (S. 109).

 Restaurants

€€ | **Arcos do Guadiana** Das geräumige Lokal mit Flussblick und Terrasse serviert deftige regionale Küche. ■ Foz de Odeleite, Tel. 281 49 50 68, Mo geschl.

23 Alcoutim

 Grenzstädtchen mit malerischer Altstadt am Burghügel

 Information

■ Posto de Turismo, Rua 1° de Maio, 8970-056 Alcoutim Tel. 281 54 61 79, www.cm-alcoutim.pt

Mit seinen nur etwa 900 Einwohnern wirkt Alcoutim beschaulich. Kaum zu glauben, dass es der zentrale Ort für ein riesiges Einzugsgebiet im gebirgigen Hinterland der Algarve ist, mit Behörden, Geschäften und Einkehrmöglichkeiten. Von der Praça da República führen zwei kurze »Hauptstraßen« zum Flussufer. Dort füllen sich ab dem späteren Vormittag die Cafés mit Blick auf die spanische Festungsstadt Sanlúcar de Guadiana mit ihrer mächtigen Burg Castillo de San Marcos (17. Jh.) im Hintergrund, die so nah wirkt und für die Bewohner von Alcoutim doch so fern liegt, denn hier führt keine Brücke über den Rio Guadiana. Lediglich mit einer kleinen Personenfähre ist das Übersetzen möglich.

 Sehenswert

Castelo da Vila
| Festungsanlage |
Nach der Reconquista ließ König Sancho II. die Burg errichten, die allerdings

später mehrfach um- und ausgebaut wurde. Bis ins 19. Jh. hinein hatte sie eine militärische Funktion. Innerhalb ihrer Mauern thematisiert heute ein kleines archäologisches Museum die Erstbesiedelung des Gebiets vor ca. 5000 Jahren. In der ehemaligen Pulverkammer wird eine maurische Spielesammlung gezeigt. Der einstige Wehrgang ist begehbar und bietet einen hervorragenden Ausblick.
■ Largo do Castelo, Tel. 281 54 05 09, www.cm-alcoutim.pt, April–Sept. 9.30–19, Okt.–März 9.30–17.30 Uhr, 2,50 € (gilt auch für Museu do Rio, s. u.)

Praia Fluvial so Pego Fundo
| Flussstrand |
Eine besondere Attraktion ist der helle Flussstrand an der Ribeira de Cadavais, die in Alcoutim in den Rio Guadiana mündet. Alle Einrichtungen, die man von einem Badestrand erwartet, sind vorhanden: Sonnenschirme, sanitäre Einrichtungen, Bar, Picknicktische. Im Sommer hat das Wasser bis zu 28 °C.

 Verkehrsmittel

Fähre Die Personenfähre nach Sanlúcar de Guadiana fährt nur bei Bedarf und kostet pro Strecke 1 €.

 Parken

Gratis-Parkplatz zentrumsnah am nördlichen Ortsrand, jenseits der Brücke über die Ribeira de Cadavais.

Restaurants

€ | **O Soeiro** Restaurant im ersten Obergeschoss, kleine Terrasse über der Straße. Die solide ländliche Küche

Das kleine Alcoutim schmiegt sich oberhalb des Rio Guadiana an einen Hügel

23 Alcoutim

umfasst Flussfische und Spezialitäten vom Schwarzen Schwein. ■ Rua do Município 4, Tel. 281 54 62 41, Mo–Fr 8–18 Uhr

 Erlebnisse

Inland Adventures bietet Bootsausflüge auf dem Rio Guadiana, etwa nach Mértola im Alentejo. ■ Cais Velho, Tel. 289 38 88 57, www.inland-adventures.com, ca. 35 € p. P. bei mind. 5 Teilnehmern.

 Sport

Fun River organisiert verschiedene Sportarten: Kajakfahren und Angeln, Mountainbiking, Transfers und Unterkünfte für Wanderer auf der Via Algarviana (s.u.). ■ Rua do Município, Tel. 926 68 26 05, www.fun-river.com, Mountainbike/Tag ca. 25 €

Im Blickpunkt

Via Algarviana

Wachsender Beliebtheit erfreut sich der 2009 eröffnete Fernwanderweg GR 13. Die rund 300 km lange Route führt von Alcoutim am Rio Guadiana durch das hügelige Hinterland der Algarve bis zum Cabo de São Vicente. Insgesamt 14 Etappen von 15–30 km Länge wurden ausgewiesen. Nicht überall gibt es Übernachtungsmöglichkeiten, daher ist hier und da ein Transfer per Taxi oder Linienbus erforderlich. Mountainbiker mit guter Kondition können die Strecke in fünf Tagen bewältigen.
www.viaalgarviana.org

 In der Umgebung

Museu do Rio
| Museum |

Das kleine Museum 8 km südlich von Alcoutim befasst sich mit der Geschichte des Rio Guadiana, der Flussfischerei und dem Grenzverkehr, zu dem auch der Schmuggel zählte. In Vitrinen stehen alte Flussschiffmodelle. ■ Guerreiros do Rio, Okt.–März Di–So 9–13, 14–17, April–Sept. 10–13, 14–18 Uhr, 2,50 € (gilt auch für Castelo da Vila in Alcoutim)

24 Martim Longo

Ursprüngliches Dorf im dünn besiedelten Hügelland

In Martim Longo (1000 Einw.) scheint die Zeit stehen geblieben zu sein. Im umliegenden Hügelland erstrecken sich Mandelplantagen und Weizenfelder. Durch die Produktion von Brot hat der Ort wirtschaftliche Bedeutung. Dennoch müssen die Bewohner heute für jeden größeren Einkauf ins 30 km entfernte Alcoutim fahren. Entsprechend verschlafen wirken die Dorfstraßen. Etwas erhöht steht die Pfarrkirche (Mitte 16. Jh.), eine der ältesten Kirchen weit und breit. Die Männer treffen sich hier meist in einfachen Bars. Bei einem Kaffee diskutieren sie das Tagesgeschehen, während die Frauen ihren häuslichen Verrichtungen nachgehen.

 Einkaufen

Serralgarve Die Großbäckerei befindet sich am östlichen Ortseingang. Das Brot wird hier noch in alter Manier über dem Holzfeuer gebacken. Der

Verkaufstresen versteckt sich in der Ausfahrt für die Lieferwagen, die jeden Morgen an die gesamte Algarve ausschwärmen. ■ N 124 Richtung Alcoutim, Tel. 281 49 81 53

25 Cachopo

Kunsthandwerkerdorf mit engen Gassen und beschaulichem Charakter

Gerade einmal 700 Menschen leben in dem kleinen Dorf, das weit und breit allein auf weiter Flur liegt. Während viele der jüngeren Bewohner Cachopo längst den Rücken gekehrt haben, halten manche der Älteren noch an den traditionellen Handwerkskünsten fest, die hier nach wie vor ausgeübt werden: Weberei und Korbflechterei. Tagesausflügler bringen etwas Leben in den ruhigen Ort. Sie bevölkern die zwei, drei Lokale unten an der Hauptstraße. Weiter oben in den malerischen Gassen versteckt sich die Pfarrkirche (Anfang 16. Jh.), die Ziel eines kurzen Spaziergangs sein kann.

Sehenswert

Museu Vivo
| Museum |

 Hier arbeiten die letzten Woll- und Leinenweberinnen

In einem winzigen Natursteinhaus zeigen zwei Frauen traditionelle Textilienherstellung. Die Stoffe entstehen auf einfachen Handwebstühlen. Nebenan ist zu sehen, wie eine Familie in früheren Zeiten in einer Ein-Raum-Wohnung lebte.

■ Rua Padre Júlio Alves de Oliveira, Tel. 289 84 41 02, Mo–Fr 10–13, 14–18 Uhr, Eintritt frei

Fonte de Férrea
| Park |

In dem kleinen, lauschigen Park lässt es sich auf schattigen Bänken picknicken. Aus einem wildromantischen Brunnen sprudelt eisenhaltiges Wasser.
■ N 124, ca. 1 km südwestlich von Cachopo, frei zugänglich

Parken

Großer Parkplatz am westlichen Ortsrand (ausgeschildert). Meist auch freie Parklücken am Kreisverkehr am nördlichen Ortseingang.

Restaurants

€ | **Retiro dos Caçadores** Einfacher Landgasthof mit deftiger Landküche, spezialisiert auf Wild. ■ Rua Padre Júlio Alves de Oliveira, Tel. 289 84 41 74

Einkaufen

Quiosquo O Moinho Kleiner Souvenirladen in einer ehemaligen Mühle mit Produkten der Region, speziell Korbwaren. ■ Rua Padre Júlio Alves de Oliveira

In der Umgebung

Alcaria do Cume
| Aussichtspunkt |

Der Aussichtsberg Alcaria do Cume (535 m) ist die höchste Erhebung weit und breit und bequem mit dem Auto zu erreichen. Der Blick reicht weit über die östliche Serra do Caldeirão bis hin zum Meer. An der Flanke des Berges liegt das sehr ursprüngliche, gleichnamige Dorf.

■ Anfahrt von Cachopo aus auf der N 397 Richtung Tavira. Nach gut 20 km ist Alcaria do Cume ausgeschildert.

Sandalgarve und Rio Guadiana

Übernachten

Die Sandalgarve östlich von Faro zieht Urlauber mit ihren langen Stränden an und gilt als besonders familienfreundlich. Das Geschehen spielt sich vorwiegend um Monte Gordo ab. In den anderen Küstenorten geht es ruhiger und individueller zu. Nur in den portugiesischen Sommerferien herrscht überall recht großer Trubel. Beschaulicher wohnt man weiter im Landesinneren. Dort sind Unterkünfte allerdings nicht so reichlich vorhanden. Ein paar Stadthotels gibt es in Tavira und Vila Real de Santo António. Das Preisniveau liegt allgemein niedriger als an der Felsalgarve. Ausgesprochene Luxus-Ferienorte fehlen an diesem Teil der Küste.

Fuseta 98

€ | **O Monte dos Avós Village** Kleine einfache und ruhig gelegene Anlage mit unterschiedlich großen Apartments und Zimmern. Kleiner Pool, Tennisplatz. ■ Sitio da Arroteia, 8800-102 Livramento (4 km nordöstl. von Fuseta), Tel. 281 95 05 70, www.montedosavosvillage.com

Moncarapacho 98

€€€ | **Vila Monte Farm House** Ehemaliges Landgut mit parkartigem Garten. Die großen, hellen Zimmer und Apartments verteilen sich auf mehrere Häuser. Im Restaurant werden u.a. selbst angebaute Produkte verwendet. Sehr ruhig außerhalb des Ortes gelegen. ■ Sítio dos Caliços, 8700-069 Moncarapacho (2 km nördl. von Moncarapacho), Tel. 289 79 07 90, www.vilamonte.com

Tavira 100

€ | **Residencial Lagoas** Einfache, saubere Zimmer in einem Stadthaus. Mit Dachterrasse. ■ Rua Almirante Candido dos Reis 22, 8800-318 Tavira, Tel. 281 32 82 43, al.lagoas@hotmail.com

€€ | **Vila Galé Albacora** Großzügige Ferienanlage in ruhiger Lage an der Ostseite des Rio Gilão und an der Ria Formosa. Die Zimmer verteilen sich auf mehrere Häuser. Mit Pool und gutem Sportangebot. Im Sommer Boottransfers zur Insel Tavira. ■ Quatro Águas, 8800-901 Tavira, Tel. 281 38 08 00, www.vilagale.com

€€€ | **Pousada Convento Tavira** Die Pousada logiert im ehemaligen Kloster Nossa Senhora da Graça (16. Jh.). Große, modern eingerichtete Zimmer gruppieren sich um den Kreuzgang. Das Restaurant befindet sich im einstigen Speiseraum der Mönche. Angeboten wird authentische Küche der Algarve. Den Gästen steht ein hoteleigener Parkplatz zur Verfügung. ■ Rua Dom Paio Peres Correia, 8800-407 Tavira, Tel. 210 40 76 80, www.pousadas.pt

Cabanas 107

€€ | **Cabanas Park Resort** Ruhig gelegene Apartmentanlage am Naturpark Ria Formosa. Es gibt ein hauseigenes Boot für Transfers zu den vorgelagerten Inseln. ■ Camino Sitio da Canada, 8800-591 Tavira, Tel. 216 02 78 20, www.cabanasparkresort.com

Monte Gordo 108

€€ | **Alcazar** Familienfreundliches, funktionales Hotel mit Spa. Zum Strand sind es 500 m. Gästeparkplatz 12,50 €/Tag. ■ Rua de Ceuta 9, 8900-435 Monte Gordo, Tel. 281 51 01 40, www.hotelalcazaralgarve.com

(13) €€ | **Dunamar** Hotel in der ersten Reihe am Dünenstrand. Die meisten der 203 Apartments bieten Meerblick. Großer Fitnessbereich sowie ein beheiztes Hallenbad mit Sauna und Dampfbad sind weitere Pluspunkte. ■ Avenida Infante Dom Henrique, 8900-413 Monte Gordo, Tel. 281 53 00 00 www.hoteldunamar.com

€€ | **Vasco da Gama** Das älteste Ferienhotel der Algarve, ein echter Klassiker in zentraler Lage am Strand. Die geräumigen Zimmer bieten ebenso Land- wie Meerblick, Letztere sind 20–30 % teurer. Kostenlose Parkplätze! ■ Avenida Infante Dom Henrique, 8900-412 Monte Gordo, Tel. 281 51 09 00, www.vascodagamahotel.com

Vila Real de Santo António 109

€ | **Apolo** Eines der wenigen Hotels der Stadt, in Zentrumsnähe. Funktionale Zimmer, alle mit Balkon; kleiner Pool und Liegefläche. ■ Avenida dos Bombeiros Portugueses, 8900-209 Vila Real de Santo António, Tel. 281 51 07 00, www.apolo-hotel.com

€€ | **Parador de Ayamonte** Auf der spanischen Seite in herrlicher Lage mit Flussblick. Ein Hotel der legendären Kette, die für ihre exklusiven Häuser bekannt ist. Große Zimmer, gutes Restaurant. ■ Avenida de la Constitución, 21400 Ayamonte (Spanien), Tel. +34/959 32 07 00, www.paradores.es

ADAC *Spartipp*

Eine Parklücke in Hotelnähe zu finden, ist oft nicht so einfach, speziell in der Hochsaison. Daher verfügen viele Unterkünfte über eigene **Parkgaragen**. Es lohnt sich, vor der Buchung die Kosten zu erfragen. In manchen Hotels dürfen Gäste gratis parken. Andere verlangen eine Gebühr zwischen 5 und 15 € pro Tag, was die Urlaubskasse durchaus belasten kann.

Castro Marim 111

€€€ | **Praia Verde Boutique Hotel** Die Zimmer sind edel in Erdtönen eingerichtet und mit Kitchenette ausgestattet. Der Garten ist mit einem Pinienhain und Wasserläufen angelegt. Etwa 900 m vom Strand in einer Villengegend. ■ Altura, Rua de Real Village – Praia Verde, 8950-434 Castro Marim, Tel. 281 53 06 00, www.praiaverderesort.com

Foz de Odeleite 113

€ | **Paisagem do Guadiana** Unterkunft am Fluss mit zwölf Zimmern in mehreren Häusern. ■ Barranco das Pereiras, Alamo (2,5 km nördl. v. Foz de Odeleite), 8970-012 Alcoutim, Tel. 969 34 22 37, www.paisagemdoguadiana.pt

Alcoutim 114

€€ | **Los Molinos** In Alcoutim sind Unterkünfte rar. Daher hier eine Adresse im benachbarten Spanien: Vier rustikale Ferienhäuser für max. 4 Personen. ■ Calle Nueva, Sanlúcar de Guadiana, 21595 Huelva (Spanien), Tel. +34/608 55 88 03, www.losmolinosturismorural.com

Felsalgarve und mediterranes Hinterland

An dem landschaftlich besonders attraktiven Küstenabschnitt wechseln Sandstrände mit roten Felsklippen ab

34 Ferragudo	133
35 Portimão 	134
36 Alvor	140
37 Lagos	142
38 Burgau	148
Übernachten	150

Viele halten die Felsalgarve mit ihren traumhaften Stränden für den schönsten Teil Südportugals. So ist es kein Wunder, dass hier viele Ferienorte wie etwa Albufeira, Carvoeiro oder Praia da Rocha entstanden sind. Gepflegtes Stadtleben bieten Portimão mit seinem Hafen und Lagos mit ehrwürdigen Baudenkmälern. Zugvögel tummeln sich in der Lagune von Alvor. Einsamer wird es weiter im Westen, wo sich kleinere Badebuchten an die Felsküste schmiegen.

In diesem Kapitel:

26 Olhos de Água	122
27 Albufeira	123
28 Guia	124
29 São Bartolomeu de Messines	124
30 Armação de Pêra	126
31 Lagoa	127
32 Carvoeiro	128
33 Silves	130

ADAC Top Tipps:

5 Praia da Falésia
| Strand |
Dieser Küstenabschnitt hat alles, was die Felsalgarve ausmacht: einen kilometerlangen goldsandigen Strand, gesäumt von rötlichen Felsklippen, über denen Pinien aufragen. Zum Baden und Windsurfen ideal. 122

6 Silves
| Stadt |
Die alte maurische Hauptstadt beeindruckt mit ihrer bezaubernden Lage am Rio Arade, der imposanten Burg und der alten Kathedrale der Algarve. Im Archäologiemuseum wird die islamische Epoche lebendig. 130

7 Ferragudo
| Fischerdorf |
Pittoresk schmiegt sich das weiße Dorf ans Ufer des Rio Arade. Hier ist die Welt noch in Ordnung. Fischer gehen ihrer Tätigkeit nach wie in alten Zeiten, blumengeschmückte Häuser säumen die Gassen. 133

 Ponta da Piedade
| Landspitze |
Hier zeigt sich die Küste der Algarve besonders bizarr. Zerklüftete Felsen türmen sich über türkisfarbenen Buchten und geheimnisvollen Grotten auf. Diese Welt erschließt sich Bootsausflüglern und Schnorchlern vom Meer aus. 148

ADAC Empfehlungen:

 LiR Galeria de Arte, Lagoa
| Kunstgalerie |
In einem Flügel der örtlichen Traditionsweinkellerei werden Gemälde und Skulpturen ausgestellt und zum Verkauf angeboten. 127

 Museu de Portimão
| Museum |
Das Stadtmuseum, das in einer ehemaligen Fischkonservenfabrik untergebracht ist, widmet sich Funden aus römischer und maurischer Zeit sowie dem Sardinenfang. 137

 Alcalar
| Archäologische Stätte |
Hochinteressante Monumente der Megalithkultur blieben hier erhalten: Gang- und Kuppelgräber. 141

 Igreja de Santo António, Lagos
| Kirche |
Kein anderes Gotteshaus der Algarve bietet eine derartige barocke Pracht mit vergoldetem Holzschnitzwerk und Azulejos. 145

 Casa do Prego, Lagos
| Restaurant |
Kein Geheimtipp mehr, aber immer noch eine besondere Adresse für Steakgerichte und Tapas – und daher immer gut besucht. 146

 Pestana Dom João II, Alvor
| Hotel |
Die wunderbare Strandlage und der Garten sind große Pluspunkte des geschmackvollen Hotels. 151

26 Olhos de Água

Immer noch Fischerort, aber auch charmante Urlaubersiedlung

Am pittoresken Ortsstrand ziehen Fischer ihre Boote an Land. Nebenan auf der kurzen Palmenpromenade laden Sitzbänke zur Rast ein, um dem Treiben zuzuschauen. Bei Niedrigwasser sprudeln Süßwasserquellen aus dem Sand, die Olhos de Água seinen Namen (wörtl.: Wasseraugen) gaben. Im Rücken des noch recht authentischen Dorfkerns stehen Ferienhäuser und ein paar Hotels und Apartmentanlagen.

 Sehenswert

Praia da Falésia
| Strand |

Der wohl schönste Strand der Algarve mit malerischer Felswand

Östlich grenzt an Olhos de Água dieser 6 km lange Bilderbuchstrand mit einer Kulisse aus 30 m hohen, roten Felsen. Hier fühlen sich auch Windsurfer wohl. Der westliche Abschnitt ist ab Praia de Olhos de Água am Meer entlang (500 m) erreichbar oder über diverse Hoteltreppen.

 Verkehrsmittel

Shuttlebus Die größeren Hotels unterhalten Shuttlebusse, die zur Praia da Falésia und nach Albufeira verkehren.

 Parken

Wer die zentrale Praia da Falésia ab Olhos de Água über die M 1289/M 1289-1 mit dem Auto anfährt, findet am Straßenende nur sehr wenige Parklücken, die schnell belegt sind. Von dort Holztreppe zum Strand.

Die schönen Strände um Albufeira locken im Sommer viele Urlauber

Restaurants

€€ | **La Cigale** Die Lage am Fischerstrand ist kaum zu überbieten. Einfache portugiesische Gerichte. ■ Praia de Olhos de Água, Tel. 289 50 16 37, www.restaurantelacigale.net, tgl. 12–23 Uhr

Albufeira

Größte Ferienstadt der Algarve mit schönen Stränden

i Information

■ Posto de Turismo, Rua 5 de Outubro, 8200-000 Albufeira, Tel. 289 58 52 79, www.albufeira.pt
■ Parken: s. S. 124

Die Mega-Feriensiedlung nimmt in Spitzenzeiten bis zu 300 000 Gäste auf, v.a. Briten. Ihnen stehen etwa 40 000 feste Bewohner gegenüber. Durch die Altstadt mit ihren engen Gassen und weißen Häusern verläuft die von Geschäften und Cafés gesäumte Fußgängerzone Rua 5 de Outubro. Im Winter wirkt sie wie ausgestorben, im Sommer schieben sich die Massen hindurch. Von hier führt ein Tunnel zum goldsandigen, felsgerahmten Badestrand Praia do Peneco. Dieser geht nach Osten in den einstigen Fischerstrand Praia dos Pescadores über, hinter dem sich in der Feriensaison abends die Restaurants und Bars mit Gästen füllen. Dann folgen über mehrere Kilometer hinweg weitere Strände, oberhalb derer sich ein Hotel ans andere reiht. In den Sommermonaten bietet Albufeira ein sehr ausgeprägtes Nachtleben, das sich in der Rua da Oura (eigentlich Avenida Sá Carneiro), auch bekannt als The Strip, abspielt.

ADAC *Mobil*

Die Autobahnen der Algarve sind gebührenpflichtig. Während auf der A 2 Lissabon–Algarve noch mit Bargeld gezahlt werden kann, wird die **Maut** auf der A 22 (spanische Grenze bis Lagos) nur elektronisch erfasst. Mietwagenfirmen bieten Erfassungsgeräte gegen Aufpreis an. Für den eigenen Wagen kann man schon vor der Reise ein Leihgerät über www.tolltickets.com bestellen. Alternativ lässt man die Gebühren von der Kreditkarte abbuchen (an der Grenze am Automaten registrieren lassen) oder erwirbt eine Toll Card mit Code zum Abrubbeln (online unter www.tollcard.pt oder an der ersten Autobahntankstelle).

Sehenswert

Museu Municipal de Arqueologia
| Museum |
Im ehemaligen Rathaus zeigt das Museum Funde aus der bewegten Geschichte Albufeiras, von der Prähistorie über Römer und Mauren bis ins 17. Jh. Zu den schönsten Exponaten zählen eine komplett erhaltene neolithische Vase (5000 v.Chr.) sowie ein römisches Mosaik aus Retorta, einer Fundstätte an der Straße nach Quarteira.
■ Praça da República 1, Mi–Fr 9.30–17.30 (Juli/Aug. Do/Fr 14–22), Di/Sa/So 9.30–12.30, 13.30–17.30 Uhr, 1 €

Verkehrsmittel

Stadtbus Fünf Linien decken im 30-Min.-Takt Stadtgebiet und Hotelzone ab und fahren zur 6 km entfernten Eisenbahnstation Ferreiras.

Albufeira

Parken

In der Nähe der Altstadt liegt das Parkhaus P 5 in der Avenida 25 de Abril 26. Je nach Saison bis zu 2 €/Std.

Restaurants

€€ | **O Manjar** Hier wird in einfachem Rahmen portugiesisch gekocht, mit Schwerpunkt auf Steaks und Lamm. ■ Rua Movimento Forças Armadas 17, Tel. 289 54 34 27, Mo–Sa ab 16 Uhr

Events

Festa Nossa Senhora da Orada Viertägiges Traditionsfischerfest. Höhepunkt ist die Bootsprozession nachmittags am 14. Aug., mit der die Fischer einen guten Fang im nächsten Jahr erbitten. ■ Ermida Nossa Senhora da Orada (Rua da Ermida)/Porto de Abrigo, 11.–14. Aug.

28 Guia

Eher unscheinbarer Ort mit großem Wasser- und Meerestierpark

Die Kleinstadt (4000 Einw.) 5 km abseits der Küste gibt sich ländlich. Ringsum gedeihen Mandel-, Feigen- und Johannisbrotbäume, Wein und Gemüse. So richtig etwas los ist nur am Sonntagvormittag, wenn die Bewohner nach der Messe aus der Igreja Matriz (16. Jh.) strömen und sich auf die Bars verteilen. Einen legendären Ruf genießen die zahlreichen Restaurants, die Piri-Piri-Hähnchen anbieten.

Restaurants

€ | **Ramires** José Carlos Ramires grillte hier 1974 das erste scharfe Hähnchen.

ADAC *Spartipp*

Ein Pickup-Bus verkehrt von allen wichtigen Ferienorten der Algarve zum **Zoomarine-Park**. Kinder unter 1 m Körpergröße fahren damit gratis. (Für Erwachsene kostet die Hin- und Rückfahrt 7–11 €. www.zoomarine.pt

Das Rezept für »frango piri-piri« erhielt er aus Angola. Nach wie vor begeistern sich die Einheimischen für das inzwischen riesige Restaurant. ■ Rua 5 de April 14, Tel. 289 56 12 32, www.restauranteramires.com, tg. 11–23 Uhr

Kinder

Zoomarine Für Familien ist die Anlage ein Paradies, in dem sich problemlos ein ganzer Tag verbringen lässt. Zahlreiche Meerestiere und Vögel sind hier zu erleben, auch in Shows. Integriert sind ein Wasserpark und ein Freizeitpark mit mehreren Karussells. Führend in Portugal widmet sich Zoomarine der Rettung und späteren Auswilderung verletzter Meerestiere. Großer Gratisparkplatz. ■ N 125, km 65, Juli/Aug. tgl. 10–19.30, April–Juni und Sept. 10–18, Okt.–Nov. 10–17 Uhr, in der Nebensaison an manchen Wochentagen geschl., www.zoomarine.pt, 29 €, erm. 20 €

29 São Bartolomeu de Messines

Wenig besuchte, sehr ursprüngliche Kleinstadt im Hinterland

Weit ab vom Schuss, aber mit dem Intercity von Faro und Lissabon etwa fünfmal täglich erreichbar, liegt dieser typische Ort (8000 Einw.) in einem

São Bartolomeu de Messines

Tal eingebettet zwischen Hügeln. Hier lässt sich noch die echte Algarve erleben. São Bartolomeu de Messines fungiert als Einkaufszentrum für die verstreut lebenden Bewohner des Umlands. Oft sind die kleinen Geschäfte für Bekleidung und allerlei Hausrat noch immer inhabergeführt. Die Cafés im Ort bieten sich für eine Rast an.

Sehenswert

Igreja Matriz
| Kirche |

Im 16. Jh. wurde die Pfarrkirche in einem Stilgemisch zwischen Manuelismus und Renaissance erbaut. Die Barockfassade kam erst später, im 18. Jh., hinzu. Sie beeindruckt durch den Kontrast zwischen der weißen Wand, den roten Sandsteinkanten und dem reich verzierten Portal. Die bemerkenswerteste Arbeit im Inneren ist die Marmorkanzel.
■ Rua do Arco 3

Casa Museu João de Deus
| Museum |

Das Hausmuseum bei der Kirche widmet sich dem einheimischen Dichter João de Deus (1830–1896), der hier rund zwei Jahrzehnte lebte. Bekannt wurde er im ganzen Land durch sein Buch »Cartilha Maternal«, in dem er eine einfache Methode zum Erlernen des Lesens und Schreibens beschrieb. Damit trug er entscheidend zur Bekämpfung des Analphabetismus bei. Seine Privaträume mit Originalmobiliar sowie Ausgaben seiner Werke sind zu sehen.
■ Rua Dr. Francisco Neto Cabrita 1, Okt.–Mai Mo–Fr 9–13, 14–17, Juni–Sept. 10–13, 14–18 Uhr, Eintritt frei

Restaurants

€ | **Café Académico** In einem Altstadthaus mit überdachter Terrasse. Hier speisen viele Einheimische. Einfache Gerichte, gut zubereitet. ■ Rua Cândido dos Reis 40, Tel. 282 95 52 44, tgl. 12–23 Uhr

Der Schwerpunkt des Vergnügungsparks Zoomarine liegt auf Meerestieren

30 Armação de Pêra

Ziemlich gesichtsloser Ferienort, aber mit langem Naturstrand

ℹ️ Information

■ Posto de Turismo, Avenida Beira Mar, 8365-101 Armação de Pêra, Tel. 282 31 21 45, www.cm-silves.pt

Mehrstöckige Apartmenthäuser säumen die Meeresfront von Armação de Pêra (5000 Einw.). Die Gemeinde hat in jüngerer Zeit große Anstrengungen unternommen, diese Zweckbauten aus den 1960er-/1970er-Jahren zu verschönern. Davor erstreckt sich ein breiter Ortsstrand mitsamt einer gepflegten Palmenpromenade.

Während der Badesaison zwischen Juni und September vervielfacht sich die Bevölkerungszahl von Armação de Pêra. In den übrigen Monaten hingegen geht es am Fischerhafen noch recht authentisch zu und es gibt viel zu schauen. Außerdem lohnt ein Bummel durch die angrenzende kleine Fußgängerzone mit Cafés und Geschäften. Hinter dem Hafen befindet sich ein großer Parkplatz.

Sehenswert

Fortaleza de Armação de Pêra
| Festung |

Die kleine Festung über dem Strand wurde 1571 zur Abwehr von Piraten und Korsaren errichtet. Sie schützte die Fischer, die sich damals nur saisonal zur Küste begaben, wo sie eine Station für den Thunfischfang (»armação«) unterhielten. Heute dient die Festung als Aussichtsbalkon.

■ Largo da Fortaleza

Praia Grande de Pêra
| Strand |

Das ganz große Plus von Armação de Pêra ist dieser 7 km lange, von einem Dünengürtel gesäumte Naturstrand, der östlich an die Siedlung grenzt, getrennt durch die Mündung der Ribeira da Alcantarilha. Die Zufahrt erfolgt über die Straße nach Pêra, dann der Beschilderung folgen. Zuletzt entweder rechts zum Ostteil des Strandes (Schild:»O Carlos Beach Bar«) oder links zum Westteil abbiegen. Ab dem jeweiligen Pistenende führen von Erdparkplätzen lange Holzstege über die Dünen zum Meer. An der Praia Grande ist genug Platz für alle. Im Osten grenzt die Lagoa dos Salgados an, eine Brackwasserlagune mit reicher Vogelwelt.

Verkehrsmittel

Bus alle 1–2 Std. nach Silves; außerdem Verbindungen nach Lagoa/Portimão und Albufeira/Faro.

Restaurants

€ | Casa de Pasto Zé Leiteiro Hier speist man frischen Fisch vom Grill, Kartoffeln und Salat zum Festpreis bis zum Abwinken. ■ Rua Portas do Mar 17, Tel. 282 31 45 51, Mo geschl.

In der Umgebung

Capela de Nossa Senhora da Rocha
| Kapelle |

Die schneeweiße Wallfahrtskapelle thront 2 km westlich von Armação de Pêra auf einer schmalen Landzunge. Aus der Zeit der Westgoten (7. Jh.) stammen zwei Säulen am Eingang. Der Legende nach ließ König Dinis die Ka-

Gefällt Ihnen das?

Haben Sie die Aussicht von der Wallfahrtskapelle genossen? Dann schauen Sie doch einmal vom **Miradouro dos Três Castelos** im Strandviertel von Portimão (S. 138) an der Küste entlang. Wunderbar auch der Blick über die Klippen vom Panoramarestaurant **O Paulo** bei Aljezur (S. 161).

pelle um 1300 erneuern, nachdem sich hier eine Marienerscheinung ereignet hatte. Fest steht, dass die Landspitze im 16. Jh. befestigt wurde, um die Landung von Piraten am nahe gelegenen Strand zu verhindern. Seither nagte die Erosion kräftig an den Klippen und ein Teil der Festungsmauern ist bereits im Meer verschwunden. Der Ausflug lohnt vor allem wegen des großartigen Panoramablicks entlang der Küste.

■ Alporchinhos, meist verschlossen

31 Lagoa

Ruhige Kleinstadt, deren Bevölkerung vorwiegend vom Weinbau lebt

Ziemlich unspektakulär kommt Lagoa (6000 Einw.) daher. Nur wenige Touristen machen sich auf den Weg bis in die Innenstadt. Das Leben der Einheimischen spielt sich zwischen Kirche, winziger Markthalle und der gepflegten, mit Cafés bestückten Fußgängerzone Rua 25 de Abril ab.

 Sehenswert

Convento de São José
| Kulturzentrum |

Das ehemalige Karmelitinnenkloster (Anf. 18. Jh.) am Nordrand der Altstadt wurde 1910 geschlossen. Heute beherbergt der Komplex ein Kulturzentrum. Beachtung verdienen die Kapelle mit einem Bildnis des Klosterpatrons Sankt Josef, der Kreuzgang sowie der Belvedere-Turm, der in einem Bogen die Straße überspannt. In den Klosterräumen werden wechselnde Ausstellungen veranstaltet. Im Garten steht ein Menhir (5000–4000 v.Chr.), der bei Porches gefunden wurde.

■ Rua Joaquim Eugénio Judice, Di–Sa 9–12.30, 14–17.30 Uhr, Eintritt frei

LiR Galeria de Arte
| Kunstgalerie |

⑭ *Der vielleicht wichtigste Künstlertreff der Region*

Ein buntes Völkchen trifft sich regelmäßig im Lady in Red, dem Zentrum für moderne Kunst. Untergebracht ist es in einer ehemaligen Lagerhalle der historischen Weinkellerei von Lagoa (s. Einkaufen S. 128), die einen originellen Rahmen für Gemälde, Skulpturen und Installationen abgibt. Die schon legendären Events umfassen Cocktailabende, Weihnachtsmärkte und die verschiedensten Kunstausstellungen. Mit Kaffee-Lounge im Eingangsbereich.

■ Rua 25 de Abril 55 (N 125), www.galeria-de-arte.net, Mo–Sa 10–18 Uhr

 Restaurants

€€ | **Porches Velho** Das gehoben rustikale Restaurant in einem ehemaligen Weinkeller bietet klassische Algarve-Küche, etwa »cataplana«, Stockfisch oder Kaninchen. An vielen Donnerstagen herrscht eine besondere Atmosphäre, wenn zum Dinner Fado gesungen wird. ■ Rua da Praça, Porches, Tel. 282 38 16 92, www.porches-velho.com, Mo–Sa 18.30–23 Uhr

Lagoa

Einkaufen

Adega Cooperativa Lagoa Die gemeinsame Kellerei der örtlichen Winzer besteht seit 1944. Sie produziert Qualitätswein mit dem Label »DOC Lagoa«. Probe (Gebühr) und Verkauf, auch Besichtigung möglich. ■ N 125 (nahe der Abzweigung nach Carvoeiro), www.vinhosdoalgarve.pt, Di–Sa 9–12.30, 14–17.30 Uhr

Kinder

Slide & Splash Jede Menge Wasserspaß für die ganze Familie verspricht dieser geräumige Park. Mit verschiedenen Pools, Jacuzzi, diversen Wasserattraktionen, Tierspektakeln. Regelmäßig gibt es Novitäten, zuletzt die Mega-Rutsche The Big Wave und das interaktive Kinderareal Tropical Paradise. ■ N 125 Valde de Deus–Estômbar, www.slidesplash.com, Juli tgl. 10–18, Aug. 10–18.30, Juni und 1. Hälfte Sept. 10–17.30, April/Mai und 2. Hälfte Sept.–Okt. 10–17 Uhr, Anf. April und Okt. So geschl., 27 €, erm. 19 €

In der Umgebung

Porches
| Töpferdorf |

Mehrere Keramikmanufakturen (»olarias«) produzieren und verkaufen entlang der N 125 und an der M 530-1 nach Armação de Pêra. Ihr Angebot umfasst Blumentöpfe, Amphoren und Außenlampen sowie bunt glasierte Teller, wie sie an der Algarve oft als Wanddekoration zu sehen sind. Das Dorf ist noch sehr ursprünglich.

■ 5 km östl. von Lagoa Iporchinhos

Im Blickpunkt

Weinbau an der Algarve

Im Gegensatz zum restlichen Portugal steckt die Weinproduktion an der Algarve noch in den Kinderschuhen. Nur etwa 3000 ha Land sind insbesondere bei Tavira, Lagoa, Portimão und Lagos mit Weinreben bestellt. Führend im Weinbau an der Algarve ist die Winzergenossenschaft von Lagoa. Dank dem warmen Klima entwickeln die Trauben einen hohen Zuckergehalt. Die traditionellen, schweren Süßweine sind allerdings aus der Mode gekommen. Heute wird daher möglichst frühzeitig geerntet, um leichtere, trockene Weine zu erzielen.

32 Carvoeiro

Beliebter Strandort mit hübschem altem Ortskern

Information

■ Posto de Turismo, Largo da Praia, 8400-517 Carvoeiro, Tel. 282 35 77 28, www.cm-lagoa.pt

Einer der begehrtesten Ferienorte der Algarve, auch beim deutschsprachigen Publikum, ist Carvoeiro (3000 Einw.). Die alte Siedlung am Meer verströmt noch die Atmosphäre des einstigen Fischerdorfes. Dieses entwickelte sich in den 1920er-/1930er-Jahren zu einer mondänen Sommerfrische. Das ehemalige Spielcasino stammt aus jener Zeit. Nach wie vor gilt Carvoeiro als eher exklusiv. Nicht nur im Sommer wissen Badegäste die windgeschütz-

Carvoeiro

Carvoeiro ist bekannt für seine romantische Küstenlage

ten Strände zu schätzen, die sich über eine Küstenlänge von 10 km verteilen. Auch Überwinterer legen sich gern in den von der Sonne erwärmten Sand.

 Sehenswert

Praia do Carvoeiro
| Strand |

Bizarre rote Felsen flankieren den Ortsstrand. Im goldgelben Sand liegen meist auch ein paar bunte Fischerboote. Dahinter ziehen Gassen mit traditionellen Häusern die Hänge hinauf. Sie gehen nahtlos in die Feriensiedlung Monte Carvoeiro auf einem Hügel im Westen des Strandes über. Ein Klippenweg für Fußgänger verbindet die Praia do Carvoeiro mit weiteren attraktiven Strandbuchten, die in beiden Richtungen anschließen. Auf den Anhöhen darüber stehen Ferienhäuser und ein paar Hotels.

Ermida de Nossa Senhora da Encarnação
| Kapelle |

Die schneeweiße Fischerkapelle erhebt sich im Osten hoch über der Praia do Carvoeiro. Ursprünglich war sie Teil einer Festung, die nach dem Erdbeben von 1755 immer mehr verfiel. Geblieben sind Mauerreste und ein Portal. Die Kapelle selbst wirkt nach mehrfachem Umbau recht modern. Ihr Vorplatz ist ein hervorragender Aussichtspunkt, Parklücken gibt es in der Nähe.

■ Estrada do Algar Seco 1

Algar Seco
| Gesteinsformation |

Orangerote und ockerfarbene Felstürme hat die Erosion im Küstengestein etwa 1 km östlich von Carvoeiro hinterlassen. Natürliche Balkone und Steinfenster schweben hoch über dem Meer. Ein Freiluftcafé stellt mittendrin

Carvoeiro

seine Tische unter Sonnensegel. Die Stelle ist zu Fuß in etwa 15 Min. auf einem Holzsteg ab Ermida de Nossa Senhora da Encarnação zu erreichen, Straßenanschluss besteht ebenfalls.

Restaurants

€€ | **A Galé** Ein authentisches Restaurant. Fisch und Meeresfrüchte in großen Portionen, gute Steaks. ■ Estrada do Farol, Tel. 282 35 73 30, tgl. 18–22.30 Uhr

€€€ | **Hexagone** Lokal für besondere Gelegenheiten. Küchenchef Gilberto Gato pflegt eine moderne mediterrane Küche mit frischen Zutaten. ■ Presa de Moura, Tel. 917 88 93 44, www.restaurantehexagone.com, So (Nov.–März auch Mo) geschl.

Kneipen, Bars und Clubs

Cocktail Garden Der Name ist hier Programm, die Auswahl an Mixgetränken riesig. Schöne Terrasse. ■ Monte Carvoeiro, Tel. 282 08 42 46

Erlebnisse

Grutas Marinhas Bei Carvoeiro befinden sich die wohl schönsten Höhlen der Felsalgarve, in die Licht durch natürliche Kamine fällt. Das Boot für max. acht Passagiere ist klein genug, um sie zu erkunden, und fährt u.a. die Höhle in Benagil an. ■ Praia do Carvoeiro, Tel. 916 21 32 60, http://algarvecaves.wix.com/beachcarvoeirocaves, ca. 20 €

33 Silves

Einstige Maurenhauptstadt mit interessanten Baudenkmälern

Information

■ Posto de Turismo, N 124 (am Rio Arade südwestl. der Ponte Romana), 8300-184 Silves Tel. 282 09 89 27, www.cm-silves.pt

Schon um 1000 v.Chr. entstand hier eine erste Siedlung. Phönizische und karthagische Händler ließen sich nie-

Die maurische Burg und die Kathedrale thronen über Silves

Silves

der, später betrieben Römer und Westgoten in Silves Bewässerungsfeldbau mit dem Wasser der angrenzenden Serra de Monchique. Die Mauren machten den Ort unter dem Namen Xelb zu ihrer Hauptstadt der Algarve. Über den Rio Arade verschifften sie Trockenfrüchte, Mandeln und Kunsthandwerk. Die heutigen rund 11 000 Bewohner leben von der Landwirtschaft und dem immer wichtigeren Tourismus. Fast wirkt die Stadt ein wenig museal. Wäre da nicht die große Markthalle unten am Fluss, in der es noch wirklich bodenständig zugeht. Hier werden nicht nur Obst, Gemüse, Fleisch und Fisch verkauft, sondern auch traditionelles Bauernbrot, wie es sonst eher selten an der Algarve zu finden ist. Ringsherum sitzen die Einheimischen nach dem Einkauf im Café.

 Parken

Großer Parkplatz bei der Touristeninformation an der N 124.

 Sehenswert

Ponte Romana
| Brücke |

Mit sieben Bögen überspannt die »Römerbrücke« den Rio Arade, der bedächtig am Südrand von Silves entlangfließt. Wahrscheinlich wurde das technisches Meisterwerk erst im 13. Jh. errichtet. Derzeit ist die Konstruktion wegen Einsturzgefahr gesperrt und wartet auf die Restaurierung.

Sé de Silves
| Kathedrale |

Schmale Straßen leiten vom Fluss zum vornehmen Teil der Altstadt hinauf, wo sich die ehemalige Kathedrale der Algarve erhebt. Nach der Reconquista zogen sich die Bauarbeiten bis ins 15. Jh. hin. Doch schon im 16. Jh. verlor Silves an Bedeutung, bedingt durch die allmähliche Versandung des Rio Arade. So wechselte der Bischofssitz 1577 nach Faro. Geblieben ist eine der bedeutendsten Kirchen der Region. Ihr ältester Teil ist der Chor (13. Jh.) aus dem örtlichen roten Sandstein (»grés«). Betreten wird die Sé (von »sedes« = lat. Bischofssitz) durch ein Barockportal von 1781. Innen beeindruckt das Kreuzrippengewölbe über dem Altarraum. Hier und im Querschiff sind Gräber (15./16. Jh.) von Bischöfen und Adeligen in den Boden eingelassen.

■ Rua da Sé, Mo–Fr 9–13, 14–18, Sa 9–13 Uhr, 1 €

Castelo de Silves
| Burg |

Auf einem Hügel gelegen überragt die alte Maurenburg (11. Jh.) die Stadt. Sie wurde mitsamt ihren elf wuchtigen Türmen komplett aus dem rötlichen Sandstein der Umgebung erbaut. Vor dem Eingang begrüßt eine Bronzestatue von König Sancho I. die Besucher. Unter ihm wurde Silves 1189 erstmals, allerdings nur vorübergehend, von christlichen Truppen zurückerobert. Im geräumigen Burghof finden archäologische Ausgrabungen statt. Bei ihnen wurden bereits Fundamente eines Palastes aus der Zeit der Almohadenherrschaft (1121–1269) mitsamt Innenhof und Bäderkomplex freigelegt. Eine große Zisterne (»aljibe«) versorgte früher die ganze Stadt mit Wasser. Die Wehrmauer bietet einen herrlichen Panoramablick über Silves.

■ Rua do Castelo, Okt.–Mai 9–17.30, Juni–Sept. 9–23 Uhr, 2,80 €, erm. 1,40 €

Centro de Interpretação do Património Islâmico
| Ausstellung |

Wahrscheinlich befanden sich an dieser Stelle ursprünglich die maurischen Bäder. Die Ausstellung des städtischen Tourismusbüros befasst sich mit dem islamischen Einfluss an der Algarve. Besucher erfahren hier Genaueres über die Lehmarchitektur, die Bedeutung des Wassers für die Bewässerung von Obstplantagen und Gärten sowie die Dichtkunst.

■ Praça do Município 3, Mo–Fr 10–13, 14–17 Uhr, Eintritt frei

Museu Municipal de Arqueologia
| Museum |

Das Archäologiemuseum von Silves mit Exponaten aus der Stadtgeschichte wurde rund um einen maurischen Brunnen (um 1200) erbaut. Er gilt als das schönste Überbleibsel aus dieser Epoche an der Algarve. Um den 18 m tiefen Schacht windet sich eine Treppe hinab. Sie ermöglichte es, je nach Wasserstand durch gestaffelt angebrachte, seitliche Öffnungen in der Brunnenwand hindurch Wasser zu schöpfen.

■ Rua das Portas de Loulé 14, tgl. 10–18 Uhr, 2,10 €, erm. 1,05 €

Cruz de Portugal
| Wegekreuz |

Das 3 m hohe Steinkreuz steht an der östlichen Stadteinfahrt, geschützt durch einen Baldachin. Es zeigt sehr detailgetreu herausgearbeitet auf einer Seite Christus am Kreuz, auf der anderen die Kreuzabnahme. Über den Ursprung der Skulptur ist wenig bekannt. Das weißgelbliche, poröse Kalkgestein stammt mit Sicherheit nicht aus der Region. Der spätgotische Flamboyant-Stil (Ende 15. Jh.), ungewöhnlich für Portugal, lässt sogar an eine Herkunft aus dem Ausland denken.

Restaurants

€€ | **Marisqueira Rui** Eine Institution im Ort und meist sehr gut besucht. Es gibt Fisch und Meeresfrüchte satt. Udo Jürgens soll hier Stammgast gewesen sein. ■ Rua Comendador Vilarinho 27, Tel. 282 44 26 82, Di geschl.

Events

Feira Medieval Mitte August feiert Silves im historischen Zentrum zehn Tage lang den Mittelaltermarkt (er findet jeweils abends von 18 bis 1 Uhr statt). Bei diesem Anlass wird gezeigt, wie Mauren und Christen einst in der Stadt lebten. Dann preisen Händler ihre Waren an, Handwerker führen die alten Künste vor, es treten Gaukler und Schlangenbeschwörer auf, und sogar Ritterturniere werden veranstaltet.

ADAC *Wussten Sie schon?*

Die bunten **Fischerboote** der Algarve haben Augen. Manchmal sind sie deutlich zu erkennen, oft auch stark stilisiert. Diese Schutzzeichen gehen auf einen Mythos des alten Ägypten zurück. Demnach verlor Horus, der Lichtgott in Falkengestalt, sein linkes Auge im Kampf gegen seinen Rivalen Seth. Der weise Mondgott Toth heilte es. Doch Horus opferte sein Auge und setzte es dem Totengott Osiris auf die Stirn, um Licht in die Unterwelt zu bringen.

Ferragudo 34

Im Fischerdorf Ferragudo geht es angenehm entspannt zu

34 Ferragudo

Ruhiges Fischerdorf mit authentischer Atmosphäre

Dicht an dicht sitzen die weißen Häuser von Ferragudo (2000 Einw.) an einen Hang gedrängt, der sich im Mündungsgebiet des Rio Arade in eine Kurve schmiegt. Unterhalb sitzen die Fischer noch wie zu alten Zeiten am Fluss: Sie flicken ihre Netze, palavern miteinander und vertreiben sich die Zeit mit Dominospielen. Unendlich weit weg scheint die Hektik der Metropole Portimão, deren Kulisse am jenseitigen Ufer auszumachen ist. Rund um den Hauptplatz von Ferragudo füllen sich vor allem abends die Kneipen und Restaurants mit Gästen. Nur wenige Meter weiter, im oberen Teil des Ortes, herrscht dennoch idyllische Ruhe.

Restaurants

€€ | **A Ria** Ein kleines, landestypisches Esslokal. Der Kellner kommt mit dem frischen Fang zum Tisch, jeder sucht sich seinen Fisch aus. ■ Rua Infante Santo 27, Tel. 282 46 17 90, nur abends geöffnet, Mo geschl.

€€ | **Fim do Mundo** Hier kommen Fleischfans auf ihre Kosten. Die Steaks stammen von gut abgehangenem Rind, z.B. dem berühmten »carne mirandesa«, Weidefleisch aus den nordöstlichen Gebirgen Portugals. ■ Rua Manuel Teixeira Gomes 28, Tel. 964 17 20 58, Do–Di 18–24 Uhr

Kneipen, Bars und Clubs

Taberna 39 Urige, bestens bestückte Weinbar. Wer mag, kann hier auch ein paar »petiscos« (Häppchen) verputzen. ■ Rua 25 de April 39, Tel. 965 77 48 12

35 Portimão
Zweitgrößte Stadt der Algarve, Fischerhafen, Ferienstrand

Die palmengesäumte Promenade am Rio Arade ist die Flaniermeile der Stadt

Information

■ Posto de Turismo, Largo 1° de Dezembro, 8500-538 Portimão, Tel. 282 40 24 87, www.visitportimao.com
■ Parken: s. S. 139

Mit seinen rund 40 000 Einwohnern liegt Portimão von der Größe her knapp hinter Faro. Im 2 km landeinwärts gelegenen Stadtzentrum geht es dennoch vergleichsweise beschaulich zu. Es gibt bedeutende Kirchen, prächtige Paläste und schöne Gartenanlagen zu sehen. Stadtbewohner flanieren ebenso wie Besucher gerne auf der gepflegten Promenade am Rio Arade, in deren Nähe sich auch manche Einkehrmöglichkeit bietet.

Seine dynamische Entwicklung verdankt Portimão dem Tourismus im Strandviertel Praia da Rocha, das durch eine Hochhaussilhouette am Meer geprägt ist. Das Publikum dort setzt sich vorwiegend aus Briten, Spaniern und Portugiesen zusammen. Praia da Rocha bietet ein lebendiges Nachtleben mit zahlreichen Clubs, Bars und Pubs.

Ein Blick in die Geschichte von Portimão zeigt, dass schon Römer und Mauren im Mündungsbereich des Rio Arade siedelten. Doch die eigentliche

Portimão

Plan S. 136

Stadtgründung erfolgte erst im letzten Viertel des 15. Jh., also lange nach der Reconquista. Auch damals schon wurde die strategisch günstige Lage des Flusshafens erkannt, der bei den portugiesischen Entdeckungsfahrten eine sehr wichtige Rolle spielen sollte. So starteten hier auch nicht wenige der Karavellen in Richtung Afrika, Asien und Brasilien. Beim Erdbeben 1755 erlitt Portimão große Zerstörungen. Erst im 19. Jh. konnte sich die Stadt allmählich wieder davon erholen und stieg im Anschluss zu einem wichtigen Standort der Lebensmittelindustrie (Fischkonserven, Trockenfrüchte) auf. Davon zeugen heute nur noch stillgelegte Fabriken. Der Hafen allerdings, der immerhin der drittgrößte Portugals ist, hat nach wie vor große Bedeutung.

Sehenswert

❶ Igreja do Colégio
| Kirche |

Die zentrale Praça da República ist ein guter Ausgangspunkt für eine Stadtbesichtigung. Den Platz beherrscht die breite Fassade der ehemaligen Jesuitenkirche. 1660 wurde ihr Bau von dem einheimischen Kapitän und Indienfahrer Diogo Gonçalves in Auftrag gegeben, dessen Grabmal sich im Chor befindet. Sowohl die Fassade als auch das Innere sind eher schlicht gehalten, wohl wegen Geldmangels, denn Portugal führte damals Krieg gegen Spanien. Nach dem Erdbeben von 1755 erfolgte eine Restaurierung, im Verlauf derer die vergoldeten Barockretabel hinzukamen. Damals plante Marquês

ADAC *Spartipp*

Manche **Museen** gewähren an bestimmten Tagen freien Eintritt, so das Museu Municipal de Faro am Sonntag bis 14.30 (Okt.–Mai) bzw. 15.30 Uhr (Juni–Sept.) und am 18. Mai (internationaler Museumstag), das Museu de Portimão am Samstag 10–14 (Sept.–Juli) bzw. 15–19 Uhr (Aug.), am 17./18. Mai und am 11. Dez. (Stadtfeiertag). *www.faro.pt, www.museude portimao.pt*

35 Portimão

de Pombal, der Erste Minister Portugals, die Erhebung der Igreja do Colégio zur Kathedrale einer zweiten Diözese der Algarve neben Faro. Das Projekt wurde nie verwirklicht.

■ Praça da República, Mo–Fr 8–12.30, 15–18 Uhr

2 Igreja Matriz
| Kirche |

Die Ursprünge der Hauptkirche gehen bis in die Gründungszeit von Portimão zurück. Gonçalo Vaz de Castelo-Branco, der erste Feudalherr der Stadt, ließ sie ab 1476 errichten. Das Spitzportal stammt noch von diesem spätgotischen Bau. Seine Verzierungen mit floralen Motiven nehmen bereits den manuelinischen Stil vorweg. Das Erdbeben von 1755 richtete auch an der Igreja Matriz schwere Zerstörungen an. Beim Wiederaufbau entstand die verschnörkelte, spätbarocke Fassade. Dem Portal wurden zwei Pfeiler zur Seite gestellt, die Skulpturen der Heiligen Petrus und Paulus krönen. Die Wände im Inneren sind mit einem umlaufenden Fries aus Azulejos (17./18. Jh.) und den üblichen Barockretabeln verziert. Im vergoldeten Nussbaumretabel im Chor wird die portugiesische Schutzheilige, die Empfängnismadonna, verehrt.

■ Largo da Igreja, Mo–Fr 10–12.30, 15–19, Sa 17–19, So 10.30–13, 17–19 Uhr

3 Jardim Visconde Bívar
| Park |

Gepflasterte Wege durchziehen die schattige Parkanlage am Ufer des Rio Arade und streben auf ein Rondell zu, wo eine Büste des Visconde de Bívar (1823–1890) auf einem Sockel thront. Dieser sehr einflussreiche Mann gab den Anstoß zu einer Reihe öffentlicher Arbeiten in der Stadt. An der angrenzenden Flusspromenade reihen sich neun Skulpturen moderner Bildhauer, darunter eine Karyatide des einheimischen Künstlers Arlindo Arez.

4 Largo 1º de Dezembro
| Platz |

Der schräg abfallende Platz wurde 1931 zur Grünanlage umgestaltet. Hier spazieren die Stadtbewohner unter Bäumen und ruhen sich auf Bänken aus, deren Rückwände auf Fliesenbildern Szenen der portugiesischen Geschichte zeigen. Harmonisch verbindet eine breite, von zwei Jugendstil-Statuetten flankierte Freitreppe den Platz mit dem oben angrenzenden Palácio Sárrea. Der ehemalige Adelspalast wurde gegen Ende des 18. Jh. im klassizistischen Stil, der noch Anklänge des Barock zeigt, errichtet. Jetzt dient er als Stadttheater (Teatro Municipal).

5 Câmara Municipal
| Rathaus |

Auch beim Palácio Bívar, den heute die Stadtverwaltung nutzt, wurden Barockstil und Klassizismus kombiniert. Dennoch ist die Wirkung eine ganz andere, wuchtigere. Ursprünglich wohnte hier die Familie des Visconde de Bívar. Die Beletage zeichnet sich durch große Fenster mit schmiedeeisernen Balkonen aus. Im Erdgeschoss befanden sich Wirtschaftsräume, im Obergeschoss die Kammern der Bediensteten.

■ Largo 1° de Maio

6 Museu de Portimão
| Museum |

Befasst sich mit interessanten Aspekten der Stadtgeschichte

Das modern gestaltete und mehrfach preisgekrönte Museum ist in der ehemaligen Fischkonservenfabrik Feu Hermanos untergebracht, die von 1902 bis in die 1980er-Jahre hinein in Betrieb war. Die Ausstellung befasst sich auf sehr anschauliche Weise mit der neuzeitlichen Stadtgeschichte und ihrer Ökonomie, die lange auf der Verarbeitung von Fisch und Trockenfrüchten, dem Export von Holz der Serra de Monchique und dem Bootsbau fußte. Aber auch Funde aus der prähistorischen, römischen und isla-

Der Palácio Bivar beherbergt heute das Rathaus von Portimão

35 Portimão

Das Piratenschiff »Santa Bernarda« steuert verschiedene Ziele an der Küste an

mischen Epoche sind zu sehen. In der unterirdischen Zisterne werden bewegte Bilder zur Unterwasserflora und -fauna der Region gezeigt.

- Rua D. Carlos I., www.museudeportimao.pt, Sept.–Juli Di 14.30–18, Mi–So 10–18, Aug. Di 19.30–23, Mi–So 15–23 Uhr, Eintritt 3 €, Kinder bis 15 J. frei

7 Fortaleza de Santa Catarina
| Festung |

Unter der Herrschaft des spanischen Königs Philipp II. errichtete ein italienischer Baumeister Ende des 16. Jh. dieses Bollwerk, um die englischen Korsaren abzuwehren. Es markiert das östliche Ende der Praia da Rocha. Die Fortaleza wurde zum Aussichtspunkt ausgebaut und bietet einen schönen Blick über die benachbarte Marina von Portimão und die Mündung des Rio Arade.

- Avenida Tomás Cabreira

8 Miradouro dos Três Castelos
| Aussichtspunkt |

Ein Felsriegel trennt die beiden Badestrände von Portimão: die dicht bebaute Praia da Rocha und die schmalere, reizvollere Praia dos Três Castelos. Er wurde in einen Aussichtspunkt verwandelt. Sein Pflastermosaik zeigt auf der oberen Ebene ein Wellenmuster, unten eine Windrose.

- Avenida Tomás Cabreira

Verkehrsmittel

Bahn Der Bahnhof liegt am Nordrand des Stadtzentrums (Plan S. 136 nördl. a1; 15 Min. zu Fuß).

Bus Überlandstrecken in den Westteil der Algarve bedient Frota Azul (www.frotazul-algarve.pt), in die gesamte Algarve verkehrt EVA (www.eva-bus.com). Die Busse starten in der Avenida Guanaré (Plan S. 136, südl. b4).

Stadtbus Minibusse verkehren Mo–Fr ca. 7–20 Uhr, Sa/So stark eingeschränkt, durch die Stadt und nach Alvor. Die meisten Linien halten am Largo do Dique (Plan S. 136 b4). Im Juli/Aug. gibt es Verbindungen zwischen dem Stadtzentrum und Praia Rocha auch abends. ■ www.vaivem.pt

 Parken

Parkplatz auf dem Largo do Dique (Plan S. 136 b4; Parkautomat); Parkhäuser: Rua França Borges (Plan S. 136 a2) und Praça 1° de Maio (Plan S. 136 a4; je ca. 1,30 €/Std.); in Praia da Rocha Parkhaus in der Rua António Feu (0,60–0,80 €/Std.)

 Restaurants

€€ | **Bacalhoada** Das Restaurant für Stockfisch schlechthin, der in allen denkbaren Varianten daherkommt. Viele portugiesische Gäste. ■ Rua da Barca 17, Tel. 927 60 90 90, Mo u. Mi–Fr 18–24, Sa/So 12–24 Uhr, Plan S. 136 c2

 Cafés

Casa Inglesa Ein Kaffeehaus von 1922, mit guter Kuchenauswahl und begehrter Terrasse auf dem Platz vor dem Jardim Visconde Bívar. ■ Praça Manuel Teixeira Gomes 2, Tel. 282 41 62 90, Plan S. 136 b4

 Einkaufen

Maria do Mar Ganz besonderer Laden in der Fußgängerzone, in dessen Holzregalen attraktiv verpackte Fischkonserven stehen. Auch Portimãos Traditionsmarke »La Rose« ist vertreten, die inzwischen aber aus Mittelportugal kommt. Manche Spezialitäten können gleich an Ort und Stelle probiert werden, z.B. mit Bruschetta. ■ Rua Direita 89, Plan S. 136 a3

Mercado Municipal Kaum irgendwo an der Algarve ist das Angebot an frischen Lebensmitteln so vielfältig wie in dieser modernen Markthalle. Mit eigenem Parkhaus. ■ Avenida São João de Deus, www.mercadosdeportimao.pt, Mo–Fr 7–14, 17–20, Sa 7–14 Uhr, Plan S. 136 westl. a2

 Kinder

Santa Bernarda Das Piratenschiff, ein ehemaliger Fischkutter, verspricht Abenteuer für die ganze Familie. Es steuert die schönsten Stellen der Küste an, etwa auf der halbtägigen Grottenexpedition, bei der mit Beibooten in die Höhlen hineingefahren wird. ■ Cais Vasco da Gama, Tel. 282 42 27 91, www.santa-bernarda.com, ca. 35 €, erm. 20 €, Plan S. 136 südl. b4

 Events

Festival da Sardinha Fünf Tage Anfang August stehen im Zeichen der Sardine. Der portugiesische Brotfisch wird in den verschiedensten Zubereitungen angeboten, außerdem Wahl des Sardinenkönigs, folkloristische Vorführungen der Fischer und viel Musik. ■ Centro da Cidade/Zona Ribeirinha, www.cm-portimao.pt/festivaldasardinha

 Erlebnisse

Barca Arade João Venâncio schippert seit über 20 Jahren mit seinem originalgetreuen Nachbau eines Flusskahns (15. Jh.) den Rio Arade in 1 Std. bis Silves hinauf. Dort bleibt Zeit für eine

35 Portimão

Plan S. 136

ADAC Mittendrin

Früher wurde der Fang am **Sardinenkai** bei der Brücke über den Rio Arade angelandet und gleich an Ort und Stelle gegrillt. Die alten Imbissbuden sind jetzt in eine neue Restaurantzeile 100 m weiter umgezogen. Ihre einheimischen Gäste bleiben ihnen treu, auch wenn vielen die angezogenen Preise nicht schmecken. Dafür munden die Sardinen wie immer.

Stadterkundung, bevor die Rückfahrt angetreten wird. Abfahrtszeiten gezeitenabhängig. ■ Cais Vasco da Gama, Tel. 966 14 34 83 oder 963 74 11 89, ca. 20 €, Plan S. 136 südl. b4

 Entspannung

NoSoloÁgua Der angesagte Beachclub am Jachthafen ist ideal zum Relaxen abseits des allgemeinen Trubels. Er hat einen großen Pool, Liegenverleih am Strand (10 € inkl. Schirm) sowie eine schicke Gastronomie. Am Wochenende finden abends oft Events statt. ■ Marina de Portimão, www.nosoloagua.com, Plan S. 136 südl. b4

36 Alvor

Gemütlicher Ferienort an einer Lagune, breiter Naturstrand

 Information

■ Posto de Turismo, Rua Dr. Afonso Costa 51, 8500-016 Alvor, Tel. 282 45 75 40

Das charmante Fischerstädtchen, in dem romantische Motive zum Fotografieren einladen, liegt an der Ria de Alvor, einer breiten Lagune mit ruhigem Wasser. Alvor ist bekannt für seine Tradition des handwerklichen Fischfangs. In der Zona Ribeirinha, der Uferzone, werkeln die Fischer vor ihren Schuppen. Jede Besatzung, zu der jeweils drei oder vier Männer zählen, ist eine eingeschworene Gemeinschaft. Die Restaurants im Ort verarbeiten den frischen Fang des Tages. Die Algarvios reisen von weit her an, um hier zu schlemmen. Ein 500 m breiter Dünengürtel mit vorgelagertem Strand trennt den Ort und die Ria de Alvor vom Meer. An seiner Lagunenseite verläuft ein Holzbohlenweg, von dem sich zahlreiche Wasservögel, etwa Flamingos oder Reiher, beobachten lassen. Nur Richtung Osten stehen einige Hotels am Strand.

 Sehenswert

Igreja Matriz
| Kirche |

Die Pfarrkirche (16. Jh.) gilt als eine der schönsten der Algarve. Ein unbekannter Meister schuf das aufwendig gestaltete Portal mit in Stein gehauenen Musikern, Drachen, Vögeln, Kampfszenen und weiteren Elementen der Manuelinik. Aus der Zeit nach dem Erdbeben von 1755 datieren der Rest der Fassade und die Barockaltäre im Inneren der Kirche. Säulen aus dem rötlichen Gestein von Silves trennen die drei Schiffe. Schon im Rokoko entstand das prächtige Retabel im Chor. Es birgt eine Christusfigur, die der Legende nach am Strand von Alvor angeschwemmt wurde. Seitlich zeigen mehrfarbige, großflächige Fliesenbilder (Ende 18. Jh.) Szenen aus dem Leben Jesu.

■ Rua da Igreja, tgl. 9–21 Uhr

Sandstrand und ausgewaschene Felsen – die Praia dos Três Irmaos in Alvor

 Verkehrsmittel

Stadtbus von Portimão (S. 139).

 Parken

Ein großer Parkplatz liegt am Südrand des Ortes im Fischerbereich (Zona Ribeirinha).

 Restaurants

€€ | **Adega d'Alvor** Das Altstadtlokal im Stil eines Weinkellers besitzt einen idyllischen Innenhof. Hier werden Spezialitäten wie »cataplana« oder Reis mit Meeresfrüchten gereicht. ■ Rua Marquês de Pombal 50, Tel. 282 45 74 07, www.adegadalvor.com, Sommer tgl. geöffnet, Winter eingeschränkt

€€ | **O Chefe João** Ganz klein und immer gut besucht. Es gibt frischen Fisch, aber auch schmackhafte Fleischgerichte. ■ Rua Marquês de Pombal 37, Tel. 282 45 70 77, tgl. geöffnet

 In der Umgebung

Alcalar
| Archäologische Stätte |

 Siedlung aus der Kupferzeit mit megalithischen Grabstätten

Um 3000 v. Chr. war die Ribeira da Torre, die in die Lagune von Alvor mündet, noch bis zum 11 km landeinwärts gelegenen Alcalar schiffbar. Die Bewohner der Siedlung dürften mit landwirtschaftlichen Produkten gehandelt haben. Die dazugehörige Nekropole besteht aus 16 Grabstätten, zu denen sowohl Gang- als auch Kuppelgräber gehören. Diese wurden über Generationen hinweg bis zur Zeitenwende genutzt. Ein Teil der Archäologischen Stätte mit zwei besonders gut erhaltenen Grabstätten ist für Besucher geöffnet und verfügt über ein Informationszentrum.

■ N-532, www.museudeportimao.pt, Di–Sa 10–13, 14–16.30 (Aug. bis 18), So, Fei 10–14 Uhr, 2 €, Kinder bis 15 J. frei

37 Lagos
Historische Hafenstadt mit Flair, schönen Kirchen, Museen

Der Hafen von Lagos war einst von strategischer Bedeutung

 Information

■ Posto de Turismo, Praça Gil Eanes, 8600-668 Lagos, Tel. 282 76 30 31
■ Parken: siehe S. 146

Mit rund 18 500 Einwohnern ist Lagos eine der größeren und lebendigsten Städte der Algarve. Baudenkmäler aus der Zeit der Entdeckungsfahrer und Museen sind zu besichtigen. Aber auch Gastronomieszene und Nachtleben haben viel zu bieten. Der Tourismus gibt sich jung und anspruchsvoll. Während der südliche Teil der Innenstadt durch die Urlauber geprägt ist, gehört das nördlich angrenzende ehemalige Fischerviertel eher den Einheimischen. Die einen wie die anderen treffen sich gern auf der zentralen Praça Gil Eanes und in den angrenzenden Straßencafés. In der Umgebung finden sich Strände für jeden Geschmack. Östlich der Stadt erstreckt sich jenseits der Mündung der Ribeira de Bensafrim der 5 km lange Dünenstrand Meia Praia, in dessen flachem Hinterland Ferienhäuser und Hotels stehen. Südlich schließt an Lagos ein felsiger Küstenabschnitt mit mehreren sandigen Badebuchten an. Ferienanlagen säumen die größte, die 200 m lange Praia da Dona Ana. Schnorchler fühlen sich in der Naturbucht Praia do Camilo wohl, zu errei-

Lagos [37]

Plan S. 145

Lagos durch die Fischkonservenindustrie wieder an Bedeutung. Nach deren Niedergang im 20. Jh. lebt die Stadt heute vorwiegend vom Tourismus.

Sehenswert

① Praça do Infante Dom Henrique
| Platz |

Fontänen sprudeln aus einem breiten Wasserbecken auf der modern gestalteten Freifläche. Dahinter thront eine Bronzestatue von Heinrich dem Seefahrer, mit einem Sextanten in der Hand. In der Igreja de Santa Maria am Südrand des Platzes (15./16. Jh., erneuert im 19. Jh.) wurde Dom Henrique zunächst beigesetzt. Später wurden seine sterblichen Überreste nach Batalha überführt.

② Núcleo Museológico Rota da Escravatura
| Museum |

Vis-à-vis der Igreja de Santa Maria fand unter den Arkaden des Zollhauses früher ein Sklavenmarkt statt. Ab 1444

chen über zahlreiche Treppenstufen. Westlich liegen die Praia de Porto de Mós und die Praia da Luz mit den gleichnamigen Feriensiedlungen.

Erstmals hinterließen Menschen vor etwa 4000 Jahren Spuren im heutigen Stadtgebiet. Später lebten hier Karthager, Römer und Mauren. Schließlich erfolgte im 13. Jh. die christliche Reconquista. Ab dem 15. Jh. diente Lagos als wichtiger Ausgangshafen für die portugiesischen Entdeckungsfahrten, ab 1573 war es die Hauptstadt der Algarve. Nach dem Erdbeben 1755, unter dem Lagos besonders zu leiden hatte, ging dieser Titel jedoch erst an Loulé, dann an Faro. Mitte des 19. Jh. gewann

ADAC *Mobil*

An der Algarve gibt es acht als barrierefrei eingestufte Strände, sog. »**praias acessíveis**«. Sie verfügen über Behindertenparkplätze, stufenlose Zugänge, behindertengerechte sanitäre Einrichtungen und Rampen ins Meer. Meist können auch Strandrollstühle ausgeliehen werden.
Liste unter www.visitalgarve.pt

Lagos

Im Blickpunkt

Prunkvolle Barockretabel

Eine Blütezeit erlebte die Kirchenkunst an der Algarve nach dem Erdbeben von 1755. Viele Gotteshäuser lagen damals in Schutt und Asche. Beim Wiederaufbau schlug die Stunde der »talha dourada« (vergoldetes Holzschnitzwerk). Seither zieren barocke Retabel in fast allen Kirchen der Region die Hauptaltarräume und Seitenkapellen. Bei einem Retabel handelt es sich um eine Schauwand, die hinter dem eigentlichen Altar angebracht ist. An der Herstellung war unter Aufsicht eines Architekten ein ganzes Team von Kunsthandwerkern beteiligt. Zimmermänner erstellten die eigentliche Konstruktion und schmückten sie mit gedrechselten Säulen und allerlei Schnitzereien. Bildhauer und Maler schufen Heiligenskulpturen und Tafelbilder, die in die Nischen des Retabels eingestellt wurden. Schließlich wurde das Holz mit Blattgold belegt, manchmal in Teilen auch bemalt.

war Lagos eine Drehscheibe des Handels mit Sklaven von der afrikanischen Westküste. Das heutige, auch unter dem Namen Mercado de Escravos bekannte Gebäude entstand 1691 auf den Fundamenten eines Vorgängerbaus. Erst 1761 schaffte Portugal die Sklaverei ab. Jetzt befasst sich eine Ausstellung mit diesem traurigen Kapitel der Stadtgeschichte.

■ Praça do Infante Dom Henrique, Di–So 10–12.30, 14–17.30 Uhr, 3 €, erm. 1,50 €

Castelo dos Governadores
| Burg |

Hier residierte Heinrich der Seefahrer als Gouverneur der Algarve. Von der einstmals stolzen Burg blieben zwei eckige Türme und eine Toreinfahrt. Seitlich schließen Teile der Stadtmauer an, die Lagos einst komplett umschloss. Von einem kleinen manuelinischen Fenster, das die Zeit überdauert hat, soll der unglückliche König Sebastian I. 1578 zu seinem versammelten Adel gesprochen haben, bevor er zu einem Feldzug nach Marokko aufbrach, von dem er nicht wiederkehrte.

■ Jardim da Constituição

Forte da Ponta da Bandeira
| Festung |

Ein Abstecher führt zu der trutzigen Anlage (Ende 17. Jh.), die einst an der Mündung der Ribeira de Bensafrim die Zufahrt zum Hafen von Lagos bewachte. Sie beherbergt heute wechselnde Ausstellungen. Auch die komplett mit Azulejos (18. Jh.) ausgekleidete Burgkapelle Santa Barbara ist zu besichtigen. Von den Zinnen des Forts bietet sich ein schöner Blick.

■ Cais da Solaria, Di–So 10–12.30, 14–17.30 Uhr, 2 €, erm. 1 €

Museu Municipal Dr. José Formosinho
| Museum |

Das Museum thematisiert die Stadtgeschichte von der prähistorischen Zeit bis ins 19. Jh. hinein. In einer ethnografischen Abteilung wird das traditionelle Leben der Bauern und Fischer dokumentiert.

■ Rua General Alberto Carlos Silveira, Di–So 10–12.30, 14–17.30 Uhr, 3 €, erm. 1,50 €

⑥ Igreja de Santo António
| Kirche |

Schönstes Beispiel barocker Kirchenarchitektur der Algarve

Dieses Gotteshaus ist überreichlich mit »talha dourada« ausgekleidet. Das Retabel im Chor glänzt ebenso durch seinen Goldüberzug wie das Schnitzwerk an den Seitenwänden, das von acht Tafelbildern des Meisters José Joaquim Rasquinho aus Loulé unterbrochen wird. Diese stellen Szenen aus dem Leben des Kirchenpatrons Antonius von Padua dar. An der Holzdecke, die den gesamten Innenraum überspannt, täuscht die Malerei gekonnt ein Tonnengewölbe vor. Die ursprünglich 1707 erbaute Militärkirche wurde wegen der Erdbebenschäden 1769 restauriert. Bis 1929 gehörte sie dem Kriegsministerium, im Anschluss wurde sie Teil des benachbarten Museums. Nur einmal im Jahr, nämlich am 13. Juni zu Ehren des hl. Antonius, findet hier ein Gottesdienst statt.

■ Zugang nur über das Museu Municipal (s. links)

⑦ Praça Gil Eanes
| Platz |

Auf dem zentralen Platz steht eine moderne Plastik, die 1973 von João Cutileiro geschaffen wurde. Sie zeigt König Sebastian I. im Astronautenkostüm. Damit spielt der Künstler auf

Lagos

die Legende an, der zufolge der 1578 im Alter von nur 24 Jahren nach einer verlustreichen Schlacht in Marokko verschollene Monarch irgendwann zurückkehren und sein Land aus äußerster Gefahr erretten würde. An der Praça Gil Eanes steht auch das alte Rathaus, die Antigos Paços do Concelho.

Centro Ciência Viva de Lagos
| Wissenschaftsmuseum |

Das wissenschaftliche Ausstellungszentrum logiert in einem Stadthaus (18. Jh.) mit mehreren Patios und einem Garten. Es informiert über Schiffbautechnik, Kartografie und astronomische Kenntnisse zur Zeit der Entdeckungsfahrten.

■ Rua Dr. Faria e Silva, www.lagos.cienciaviva.pt, Di–So 10–18 Uhr, 3 €, erm. 1,50 €

Im Blickpunkt

Der Portugiesische Wasserhund

Diesem zotteligen Tier wachsen Schwimmhäute zwischen den Zehen. Jeder Fischer hatte früher seinen »cão de água« auf See dabei. Bis zu 4 m tief konnten die Wasserhunde tauchen und noch dazu Fischschwärme in die Netze treiben. Schon lange werden sie nicht mehr eingesetzt; um 1930 drohte die Hunderasse gar auszusterben. Heute soll es wieder rund 1000 Exemplare geben. In Lagos hat sich Rodrigo Pinto der Zucht verschrieben, und manchmal ist er mit seinen Hunden am Strand anzutreffen.

Verkehrsmittel

Bahn Bahnhof in der Estrada de São Roque (Plan S. 97 nördl. b1, beim Jachthafen); im zentralen Bereich der Meia Praia gibt es eine weitere Bahnstation.
Bus Überlandverbindungen mit Frota Azul (www.frotazul-algarve.pt) und EVA (www.eva-bus.com) ab Busbahnhof am Largo do Rossio de São João Batista (Plan S. 97 nördl. b1).
Stadtbus Mehrere Linien von A Onda beschreiben Rundkurse durch die Stadt, bedienen Bahnhof und Busbahnhof, die Strände Meia Praia und Santa Ana sowie die Küstenorte im Westen bis Burgau. ■ http://aonda.pt

Parken

Große zentrale Parkgarage an der Avenida dos Descobrimentos (Plan S. 97 b2; 1–1,25 €/Std.); an der Meia Praia mehrere geräumige ebenerdige Parkplätze.

Restaurants

€€ | **A Forja** Ein familiär geführter Klassiker mit vielen einheimischen Gästen. Küche und Ambiente sind absolut authentisch. ■ Rua dos Ferreiros 17, Tel. 282 76 85 88, Sa geschl., Plan S. 97 a1

(18) €€ | **Casa do Prego** Das angesagte Lokal pflegt die portugiesische Tradition der »pregos«: warme, mit verschiedenen Leckereien gefüllte Sandwiches. Auch Steaks und Thunfisch sind beliebt. ■ Rua Lançarote de Freitas 18, Tel. 913 50 50 38, Mo–Fr 12–24, Sa, So 17.30–24 Uhr, Plan S. 97 b3

Cafés

Taquelim Gonçalves In diesem Café gibt es hervorragenden Kuchen und

Gefällt Ihnen das?

Wenn Sie gerne an Plätzen mit viel Atmosphäre sitzen, um Kaffee zu trinken und ein feines Stück Kuchen dazu zu essen, könnten Sie sich auch in der **Pastelaria Gardy in Faro** (S. 73) oder in der **Pastelaria Romana in Tavira** (S. 105) wohlfühlen.

das berühmte Marzipan aus Lagos, »bolos de doce fino«, das an den Tischen auf der Praça Gil Eanes verzehrt (oder mitgenommen) werden kann. ■ Rua Portas de Portugal 27, Tel. 282 76 28 82, www.taquelimgoncalves.com, tgl. geöffnet, Plan S. 97 b1

 Kneipen, Bars und Clubs

The Star In der netten kleinen Bar treffen sich alle Nationalitäten. Gute Musik, gute Preise, oft Livemusik. ■ Travessa 1° de Maio 9, Tel. 282 76 92 65, tgl. ab 18 (Winter 19) Uhr, Plan S. 97 a2

 Kinder

Zoo de Lagos Vor allem mit älteren Kindern ein lohnendes Ziel. Die Primateninsel mit verschiedenen Affen gilt als Highlight des Zoologischen Gartens. Ansonsten sind viele Vogelarten vertreten, aber auch Raubkatzen wie Ozelot oder Luchs und verschiedene Reptilien. ■ Quinta das Figueiras, Barão de São João, www.zoolagos.com, April–Sept. tgl. 10–19, Okt.–März 10–17 Uhr, 16 €, erm. 12 €, Plan S. 97 nordwestl. a1

 Events

Festa do Banho 29 Einem archaischen Brauch zur Verabschiedung des Sommers folgend baden die Stadtbewohner am 29. August nachts beim Forte da Ponta da Bandeira. Begleitet wird das Ereignis von einem Wettbewerb traditioneller Badekostüme. Dreitägiges Fest mit Musik, Tanz und Kulinarischem. ■ Cais da Solaria/Praia da Batata, 27.–29.8. jeweils 18–2 Uhr, Plan S. 97 c4

Das Centro Ciência Viva de Lagos ist in einem alten Stadthaus untergebracht

37 Lagos Plan S. 145

☀ Erlebnisse

Bluefleet Grottentouren (Dauer: 1 Std. 15 Min.) mit Booten der blauen Flotte zur Ponta da Piedade starten mehrmals pro Tag im Jachthafen. ■ Marina de Lagos, Tel. 911 96 33 09, www.bluefleet.pt, 20 €, erm. 10 €, Plan S. 97 nördl. b1

🚗 In der Umgebung

Ponta da Piedade
| Landspitze |

> **8** *Einer der bizarrsten und fotogensten Winkel der Felsalgarve*

An dem Kap südlich von Lagos ragen zerklüftete, rötlich gelbe Klippen rund 20 m aus dem türkisblauen Meer. Eine steile Treppe führt etwa 200 Stufen zu einem Bootsanleger hinab, wo Höhlentouren durch die zerklüftete Küstenlandschaft starten. Hier tauchen zwischen Felstürmen und Steinbögen Albatrosse u.a. Seevögel nach Fischen.

38 Burgau

Weißes Dorf am Strand, Urlaubsort für Individualisten

Der gemütliche Ferienort (450 Einw.) hat sich den Charakter eines Fischerdorfs bewahrt. Sein großes Kapital ist der goldgelbe Sandstrand, der windgeschützter liegt als die meisten an-

Die zerklüfteten Felsformationen der Ponta da Piedade bei Lagos sind einzigartig

Burgau 38

deren Strände im Westen der Algarve. Auf einer Rampe ziehen die Fischer ihre offenen Boote an Land. Dahinter klettern weiße, würfelförmige Häuser den Hang hinauf. Wer ganz oben wohnt, muss gut zu Fuß sein, um die vielen Stufen in den schmalen Treppengässchen zu bewältigen. Burgau war von einem Teil seiner ursprünglichen Bewohner schon verlassen worden, als Engländer und Niederländer den Ort in den 1980er-Jahren entdeckten. Sie renovierten die alten Häuser und ließen sich hier nieder. Hinzu kommt in der Saison eine überschaubare Anzahl von Touristen, die sich auf ein kleines Hotel und ein paar Apartmentanlagen verteilen.

Sehenswert

Forte de Burgau
| Festungsruine |
Auf den Klippen am Ostrand des Ortes thront in 81 m Höhe über dem Meer die halb verfallene, von Gebüsch überwucherte Festung. Nach 1640 wurde sie während des Unabhängigkeitskriegs gegen Spanien errichtet. Beim Erdbeben 1755 erlitt sie schwere Schäden und wurde 1834 schließlich ganz außer Dienst gestellt.
■ Rua Moinho da Encarnação, frei zugänglich

Verkehrsmittel

Bus Stadtbusanschluss nach Lagos 8–10 x tgl. mit der Linie 4 von A Onda.
■ http://aonda.pt

Restaurants

€€ | **Beach Bar Burgau** Erstklassige Lage am Strand. Auf der Terrasse werden einfache, aber gute Gerichte serviert, vor allem gegrillter Fisch. ■ Praia do Burgau, Tel. 282 69 75 53, Mo 10–18, Di–So 10–24 Uhr

In der Umgebung

Salema
| Badeort |
Das Fischerdorf Salema hat ein ähnliches Ambiente wie Burgau, nur geht es hier noch etwas ruhiger zu. Im Sommer wird der breite, rund 1 km lange Sandstrand allerdings sowohl von Einheimischen als auch von Touristen rege besucht. Außerdem tummeln sich hier bei günstiger Wetterlage Kite- und Windsurfer.
■ 5 km westl. von Burgau

Übernachten

Die Felsalgarve ist touristisch sehr gut erschlossen. Richtig viel Trubel herrscht in den Hotelstädten Albufeira und Praia da Rocha (Portimão). Demgegenüber sind Olhos de Água und Carvoeiro eher weitläufige Ferienhaussiedlungen mit wenigen Hotels. Carvoeiro erfreut sich traditionell recht großer Beliebtheit bei deutschen Gästen, während andernorts das britische Publikum dominiert. Sportorientierte Urlauber bevorzugen die Umgebung von Lagos, wo Surfen, Tauchen und Seekajakfahren praktiziert werden. Individualisten fühlen sich in den Fischerdörfern Ferragudo und Burgau wohl. Das Preisniveau liegt allgemein recht hoch.

Olhos de Água 122

€€ | **Porto Bay Falésia** Großes 4-Sterne-Hotel mit eigenem Zugang zum Strand und eleganten Zimmern. ■ Quinta do Milharó, 8200-591 Albufeira, Tel. 289 00 77 00, www.portobay.com

Armação de Pêra 126

€ | **Be Smart Terrace Algarve** Apartment-Hotel für unabhängige Ferien. Halbpension oder All inclusive zubuchbar. Der Strand ist 400 m entfernt. ■ Quinta das Palmeiras, Alporchinhos, 8400-450 Armação de Pêra, Tel. 282 31 42 30, www.belivehotels.com

Carvoeiro 128

€€ | **Algar Seco Parque** Gefällige Anlage bei der gleichnamigen Felsformation. Ferienwohnungen und Villen für 2–10 Personen, alle mit Meerblick. ■ Rua das Flores, 8400-510 Carvoeiro, Tel. 282 35 04 00, www.algarseco.com

€€ | **Quinta do Paraiso** Familienfreundliches Feriendorf in einem riesigen Park mit alten Pinien und Obstbäumen. Zimmer, Apartments und Häuser stehen zur Wahl. ■ Praia do Carvoeiro, 8400-558 Lagoa, Tel. 282 35 01 20, www.quinta-do-paraiso.pt

Silves 130

€ | **Quinta da Figuerinha** Ferienwohnungen und -häuser unterschiedlicher Größe. Das Landgut produziert nach wie vor (heute biologisch) Obst. Während der Erntezeit dürfen die Gäste Orangen, Zitronen und Clementinen für den eigenen Bedarf pflücken. ■ 8300-028 Silves, 5 km östlich von Silves, Tel. 282 44 07 00, www.qdf.pt

Ferragudo 133

€€ | **Vitor's Village** Schöne Apartments rund um eine Poolanlage. Kostenfreie Parkplätze, guter Standort für Erkundungen an der Felsalgarve. ■ Rua Infante D. Henrique, 8400-230 Ferragudo, Tel. 282 45 00 10, www.vitorsvillage.pt

€€€ | **Casabela** Mit 66 Zimmern recht überschaubares Hotel, das mit der verspielten orientalischen Gestaltung und dem traumhaften Ausblick seinem Namen (»schönes Haus«) alle Ehre macht. Privater Zugang zum Strand.

■ Vale de Areia, 8400-275 Lagoa, Tel. 282 49 06 50, www.hotel-casabela.com

Alvor 140

(19) €€ | **Pestana Dom João II** Das 4-Sterne-Hotel punktet mit einer wunderbaren Strandlage und einem weitläufigen Garten mit großem Pool. Geschmackvoll eingerichtete Zimmer mit Balkon, am schönsten diejenigen mit Meerblick. ■ Praia do Alvor, 8500-088 Alvor, Tel. 282 40 07 00, www.pestana.com

Lagos 142

€€ | **Solar de Mós** Kleineres, inhabergeführtes Hotel mit klassischem Ambiente am südwestl. Stadtrand. Zimmer mit Balkon, Garten mit Pool, Restaurant, freie Parkplätze. ■ Rua Santa Casa da Misericórdia, 8600-621 Lagos, Tel. 282 78 25 79, www.solar-de-mos.com

€€ | **Vila Palmeira** Gepflegte Apartmentanlage in schönem Garten, vom 200 m entfernten Strand Meia Praia durch eine Straße getrennt. Mit Bistro und Restaurant. ■ Rua Ruy Belo, Estrada da Meia Praia 8600-315 Lagos, Tel. 282 77 09 00, www.vila-palmeira.com

€€€ | **Villa Esmeralda** Individuelles, ruhiges Wohnen in Strandnähe. Die im maurischen Stil errichtete Villa bietet zwölf luxuriöse Zimmer und einen romantischen Palmengarten mit Pool. ■ Estrada de Porto de Mós, 8600-282 Lagos, Tel. 282 76 04 30, www.villa-esmeralda-algarve.com

Burgau 148

€€ | **Burgau Beach Hotel** Das frisch renovierte, kleine 3-Sterne-Hotel mit Terrasse und Pool überblickt Strand und Ort. ■ Rua da Fortaleza, 8650-111 Vila do Bispo, Tel. 282 09 74 03, www.burgaubeachhotel.com

ADAC *Das besondere Hotel*

Luxuriöse Campingmöglichkeiten liegen im Trend. So geht im Hinterland der Algarve, nicht weit von Silves, die **Ecolodge Brejeira** neue Wege. Hier wohnen Sie wahlweise in der Jurte, einem mongolischen Zelt mit allem Komfort, oder in einem alten holländischen Zirkuswagen mit Wohnstube, Schlafzimmer und Küche. Auch ein altes Feuerwehrauto, zum Wohnwagen umfunktioniert, steht zur Verfügung. Wer möchte, kann den Frühstücksservice in Anspruch nehmen oder sich einmal pro Woche regionaltypisch bekochen lassen.
€ | M-502, 10 km nördlich von Silves, Tel. 919 37 65 02, www.eco-lodge brejeira.com

Costa Vicentina und Serra de Monchique

Zwei Reisegebiete für Individualisten: die raue Westküste der Algarve und das höchste Gebirge der Region

Westwinden und der Brandung des Atlantiks ist die Costa Vicentina deutlich stärker ausgesetzt als die milde Südküste der Algarve. So bleiben Orte wie Sagres, Carrapateira oder Aljezur Wellenreitern und Menschen vorbehalten, die abseits des Trubels urlauben wollen. Authentisch zeigt sich auch das Bergland rund um Monchique mit den höchsten Erhebungen im Hinterland der Algarve und dem nostalgischen Kurort Caldas de Monchique.

In diesem Kapitel:

- **39 Vila do Bispo** 154
- **40 Sagres** 155
- **41 Cabo de São Vicente** 156
- **42 Carrapateira** 159
- **43 Aljezur** 160
- **44 Odeceixe** 162
- **45 Marmelete** 163
- **46 Monchique** 164
- **47 Caldas de Monchique** 166
- Übernachten 168

ADAC Top Tipps:

 Fortaleza de Sagres
| Festung |
In der imposanten Festungsanlage soll Heinrich der Seefahrer im 15. Jh. die portugiesischen Entdeckungsfahrten vorbereitet haben. Berühmt ist seine riesige Windrose, die auch als Sonnenuhr gedeutet wird. 155

 Cabo de São Vicente
| Kap |
Auf der Südwestspitze Europas thront ein Leuchtturm. Seine Terrasse bietet einen spektakulären Blick über die bizarre Küstenlandschaft. Am schönsten ist er abends, wenn die Sonne im Meer versinkt. 156

ADAC Empfehlungen:

 Ermida de Nossa Senhora de Guadalupe
| Kapelle |
Die idyllisch gelegene Einsiedelei geht auf die Zeit nach der Reconquista zurück. Sie birgt bemerkenswerte Steinmetzarbeiten. 154

 Praia do Amado, Carrapateira
| Strand |
Hier tummeln sich Surfer und Schaulustige. Von der Brandung ausgewaschene Felsen umrahmen den attraktiven Sandstrand. 159

 O Paulo, Aljezur
| Restaurant |
Das Aussichtslokal mit den großen Glasscheiben liegt über den Klippen der Ponta da Arrifana und bietet fangfrischen Fisch. 161

 Mel e Medronho, Monchique
| Shop |
Spezialitäten der Bergregion direkt vom Erzeuger: Honig, Erdbeerbaumschnaps, Marmeladen und mehr. ... 166

 Fóia
| Berg |
Eine schmale Straße windet sich zur höchsten Erhebung der Algarve hinauf. Vom Gipfelplateau ergibt sich ein Panoramablick. 166

 Memmo Baleeira, Sagres
| Hotel |
Das Hotel liegt nicht nur in günstiger Strandlage, sondern zeichnet sich auch durch sein besonderes weißes Styling aus. 168

39 Vila do Bispo

Kleinstadt mit engen Gassen und typischen Häusern der Algarve

Weite, baumlose Landschaft umgibt den in sich sehr geschlossenen Ort. Mit nur rund 1000 Einwohnern ist Vila do Bispo, obwohl Verwaltungssitz einer Gemeinde, die kleinste Stadt der Region. Oft nur einstöckige, weiß getünchte Häuser mit bunt umrandeten Fenstern und Türen prägen das Bild. Ein Streifzug durch die schmalen Straßen beginnt an der Ortseinfahrt, die von zwei penibel gepflegten Palmenparks flankiert wird. Beide sind mit Sitzbänken ausgestattet, auf denen die älteren Bewohner im Winter die Sonne genießen. Vor den Häusern nebenan flattert die Wäsche auf der Leine. Früher oder später gelangt man zur hübschen Igreja Matriz. An dem weiten Kirchplatz stellt ein winziges Café Tische unter schattige Arkaden.

 In der Umgebung

Ermida de Nossa Senhora de Guadalupe
| Kapelle |

 Mittelalterliche Kapelle mit Steinmetzarbeiten

Einsam und in reizvoller Lage steht die kleine Wallfahrtskirche beim Ortsteil Raposeira zwischen Feldern. Es handelt sich um eines der wenigen erhaltenen mittelalterlichen Baudenkmäler der Algarve, die meisten überstanden das Erdbeben von 1755 nicht. Vielleicht wurde die Ermida schon kurz nach der Reconquista im 13. Jh. von den Tempelrittern errichtet. Später soll Heinrich der Seefahrer regelmäßig hier gebetet haben. Die sehr detailgetreuen Verzierungen an den acht Säulenkapitellen im Altarraum, die Pflanzenteile, Muscheln und Menschenköpfe darstellen, entstanden um diese Zeit (Mitte 15. Jh.).

In einem Nebengebäude informiert ein Museum über die Geschichte der

Die Festungsanlage von Sagres erinnert an Portugals Seefahrerzeit

Sagres 40

Algarve und die portugiesischen Entdeckungsfahrten.

■ EN 125 Vila do Bispo-Lagos, Mai–Sept. Di–So 10.30–13, 14–18.30, Okt.–April 9.30–13, 14–17 Uhr, Mo geschl., 2 €, erm. 1 €

Sagres

Fischerhafen mit der Festung Heinrichs des Seefahrers

Information

■ Posto de Turismo, Rua Comandante Matoso 75, 8650-357 Sagres, Tel. 282 62 48 73, www.sagresonline.com

Die weite Hafenbucht wurde früher von Walfängern genutzt. Heute liegt hier eine Unmenge kleiner, bunter Fischerboote vor Anker. Am frühen Nachmittag landen die Fischer ihren Fang an und sortieren ihn. Anschließend findet hinter den verschlossenen Türen der Fischmarkthalle die Versteigerung an die Restaurantchefs statt. Das Treiben lässt sich bestens von der Terrasse des Lokals »Tasca Sagres« bei einem Drink verfolgen (Parken am Hafen gratis). Nur am Sonntag, wenn die Fischer frei haben, herrscht relative Ruhe im Hafen, der allerdings auch als Ausgangspunkt für Ausfahrten zur Wal- und Delfinbeobachtung eine gewisse Bedeutung hat.

Der Ort selbst (2000 Einw.) liegt hoch oberhalb des Hafens auf einem windgepeitschten Plateau. Am Ortsstrand und an der Praia do Martinhal nördlich vom Hafen stehen ein paar Hotels. Surfer, Taucher und Schnorchler tummeln sich an der stärker den Wellen ausgesetzten Praia de Tonel westlich des Ortes. Zwar verdankt Portugals bekannteste Biermarke Sagres ihren Namen. Doch gebraut wurde hier nie. Die Firma hat ihren Sitz bei Lissabon.

Sehenswert

Fortaleza de Sagres
| Festung |

 Verteidigungsanlage und legendäre Seefahrerschule

Der imposante Komplex nimmt eine ganze Landspitze unmittelbar südlich von Sagres ein. Zum Meer hin war die Anlage durch steile Klippen auf natürliche Weise geschützt. Nur auf der schmalen Landseite wurde eine Wehrmauer mit zwei dreieckigen Bastionen errichtet. Ob Heinrich der Seefahrer hier wirklich eine Nautikerschule unterhielt, die bei der Vorbereitung der portugiesischen Entdeckungsfahrten eine große Rolle gespielt haben soll, ist ungewiss. Zumindest gründete er die Festung und verstarb auch nachweislich 1460 in Sagres.

Der heutige Bau einschließlich der Festungskirche Nossa Senhora da Garça stammt aus dem 16. Jh. Hingegen wird die überdimensionale Windrose in die Zeit Heinrich des Seefahrers datiert. Sie wurde aus Steinen auf dem weitläufigen Innenhof der Anlage zusammengelegt. Statt in 32 Segmente, wie sonst üblich, ist sie asymmetrisch in 42 Segmente unterteilt. Eine Erklärung dafür gibt es nicht. Auch ist unbekannt, ob sie zur Navigation oder als Sonnenuhr diente. Ein Spaziergang führt über das karge Plateau hinter der Kirche bis zur äußersten Kante der Landspitze, wo Angler mit einer Vielzahl von Wasservögeln um den reichen Fischbestand konkurrieren.

■ Ponta de Sagres, Mai–Sept. 9.30–20, Okt.–April 9.30–17.30 Uhr, 3 €, erm. 1,50 €

Verkehrsmittel

Bus ca. stdl. nach Vila do Bispo/Raposeira/Lagos; Mo–Fr je 2 x zum Cabo de São Vicente

Restaurants

€€ | **Retiro do Pescador** Hier wird echte portugiesische Hausmannskost in rustikalem Rahmen serviert. Empfehlenswert etwa die »cataplana« oder das Fleisch vom Schwarzen Schwein. ■ Rua dos Murtórios 4, Tel. 282 62 44 38, www.retiro-do-pescador.com, Mo geschl.

€€€ | **Vila Velha** Das charmante Restaurant ist in einer traditionellen Villa untergebracht. Aus der Küche kommen klassische, schmackhafte Fleisch- und Fischgerichte. ■ Rua Patrão António Faustino, Tel. 282 62 47 88, www.vilavelhasagres.com, Di–So 18.30–24 Uhr

Erlebnisse

Cape Cruiser Ganzjährig Ausfahrten mit einem Festrumpfschlauchboot zur Wal-, Delfin- und Seevögelbeobachtung. ■ Porto da Baleeira, Tel. 919 75 11 75, www.capecruiser.org, ca. 35 €

41 Cabo de São Vicente

> **10** *Südwestlichstes Kap des europäischen Festlands, mit Leuchtturm*

Das brandungsumtoste Kap im äußersten Südwesten Portugals flößte Seefahrern früher großen Respekt ein. Seinen Namen verdankt es dem hl. Vinzenz, dem Schutzpatron Portugals. Dieser soll um 304 in Valencia unter dem römischen Kaiser Diokletian ein grausames Martyrium erlitten haben. Als im 8. Jh. die Mauren Valencia besetzten, flüchteten ein paar Christen per Schiff, um die Reliquien des Heiligen in Sicherheit zu bringen. Sie gelangten bis zum Cabo de São Vicente, wo sie die Gebeine bestatteten. Nach der Reconquista wurden diese 1173 nach Lissabon überführt.

Sehenswert

Farol do Cabo de São Vicente
| Leuchtturm |
Seit 1846 weist ein 24 m hoher Leuchtturm mit knallroter Kuppel der Schifffahrt den Weg. Heute ist er nur noch für Fischerboote in den Küstengewässern von Bedeutung, daher wurde sein Lichtstrahl auf eine Reichweite von 20 Seemeilen gedrosselt. Technisch möglich wäre mehr als das Doppelte. Schon von der Zufahrtsstraße zum Farol ergeben sich beeindruckende Ausblicke. Doch die spektakulärste Sicht über die bis zu 60 m hohe Steilküste bietet sich von der Leuchtturmanlage.
■ April–Sept. Di–So 10–18, Okt.–März 10–17 Uhr, 3 €

ADAC *Mittendrin*

Am späten Nachmittag versammelt sich am **Cabo de São Vicente** eine bunte Mischung aus Einheimischen und an der Algarve ansässigen Briten, Franzosen und Deutschen. Dann ist es Zeit für einen Sundowner. Man hat eine Flasche Rotwein und vielleicht sogar die eigenen Klappstühle dabei und hockt einträchtig nebeneinander auf den Felsen über der Steilküste, um zu verfolgen, wie die Sonne im Meer versinkt. Das gesellschaftliche Ereignis der Algarve schlechthin und noch dazu gratis!

Der Leuchtturm auf den Klippen des Cabo São Vicente

Fortaleza de Belixe
| Festung |

Kurz vor Erreichen des Leuchtturms passiert die Straße diese kleine Festung, die abenteuerlich nah an der Felskante thront. 50 m tiefer gurgelt das Meer. Die Fortaleza de Belixe sicherte den gleichnamigen Strand, den Fischer als Stützpunkt für den Thunfischfang nutzten. In ihrer heutigen Form wurde die Anlage 1632 eingeweiht, die angeschlossene Kapelle Santa Catarina soll allerdings auf eine Stiftung von Heinrich dem Seefahrer zurückgehen. Zu seinem 500. Todestag erfolgte eine Restaurierung der Festung. In jüngerer Zeit war die Fortaleza de Belixe wegen Abbruchgefahr jahrelang geschlossen, doch inzwischen wurde sie gesichert und dient in unregelmäßigen Abständen kulturellen Zwecken.

■ EN 268, meist Mo–Sa 10–18 Uhr

 Restaurants

€ | **Letzte Bratwurst vor Amerika** Von Ostern bis Oktober legen Petra und Wolfgang am Parkplatz vor dem Leuchtturm ihre legendären (und originalen) Nürnberger und Thüringer Bratwürste auf den Grill. Diese Bude ist Kult! ■ Cabo de São Vicente, www.letztebratwurst.com, tgl. 10.30–17.30 Uhr, im Winter geschl.

 Events

Festival Observação de Aves An sechs Tagen Anfang Oktober treffen sich Hobby-Ornithologen am Cabo de São Vicente, um den Vogelzug von den europäischen Brutgebieten zu den Winterquartieren in Afrika zu erleben. Das umfangreiche Beiprogramm sieht etwa geführte Exkursionen, Bootstouren, Beobachtung von Netzfang und

41 Cabo de São Vicente

Im Blickpunkt

Die portugiesischen Entdeckungsfahrten

Den Auftakt zur Erkundung fremder Meere und Kontinente bildete 1415 ein Eroberungsfeldzug nach Marokko, den Prinz Heinrich im Auftrag seines Vaters König Johann I. von Portugal unternahm. Bei dieser Gelegenheit soll der Prinz in Kontakt mit arabischen Nautikern gekommen sein, die ihre Kenntnisse der Meere rund um Afrika wie auch der Kartografie und Navigation an ihn weitergaben. Lagos entwickelte sich bald zum wichtigsten Hafen Portugals nach Lissabon. Hier liefen die von Heinrich in Auftrag gegebenen, hochseetauglichen Karavellen vom Stapel. Er selbst zog die Fäden von seiner Residenz in Sagres aus. Nie wieder soll er übrigens zur See gefahren sein, dem Beinamen »der Seefahrer« zum Trotz, den ihm spätere Historiker verliehen. In seinem Auftrag nahmen Portugiesen 1419 Madeira in Besitz und machten die Insel zu einem wichtigen Stützpunkt für die folgenden Erkundungsfahrten. Weiter ging es mit dem Errichten von befestigten Handelsplätzen an der afrikanischen Westküste. Gil Eanes aus Lagos umsegelte 1434 das berüchtigte Kap Bojador südlich der Kanarischen Inseln. Die Umrundung des Kaps der Guten Hoffnung 1488 durch Bartolomeu Dias erlebte Heinrich der Seefahrer (1394–1460) nicht mehr. 1498 schließlich erreichte Vasco da Gama Indien auf dem Seeweg. Bei der Entdeckung Amerikas hingegen hatten die Spanier dank Kolumbus die Nase vorn. Bereits 1494 war im Vertrag von Tordesillas fast ganz Amerika den Spaniern zugesprochen worden. Den Portugiesen blieb nur der östliche Zipfel von Brasilien. So widmeten sie sich der weiteren Erkundung Asiens, wo sie in den folgenden Jahrzehnten die Handelsrouten nach Ceylon, Indonesien, China und Japan erschlossen.

Carrapateira

Beringung sowie Aktivitäten für Kinder vor. ■ Fortaleza de Belixe, www.birdwatchingsagres.com

42 Carrapateira

Uriges Dorf mit Surferstrand und attraktiver Steilküste

Der sympathische Ort nahe der exponierten Westküste der Algarve gilt als Paradies der Brandungssurfer. Das kleine Zentrum rund um den Dorfplatz ist gespickt mit netten Cafés und Bars, in denen vor allem in den Sommermonaten die Sportler die Zeit vertrödeln, wenn sie sich nicht gerade den Wellen entgegenstemmen. Eine Windmühle thront am Nordrand von Carrapateira als Wahrzeichen auf einem Hügel. Zwischen Dorf und Atlantik erstreckt sich ein bis zu 1 km breites, völlig unbebaut gebliebenes Dünenfeld. Das dürfte auch in Zukunft so bleiben, denn die Gegend ist Teil des Parque Natural do Sudoeste Alentejano e Costa Vicentina. Ein Mosaik von küstennahen Biotopen steht hier unter Schutz. Botaniker begeistern sich für die seltene Flora, Ornithologen für die Seevogelwelt.

 Sehenswert

Praia do Amado
| Strand |

 *Attraktiver Naturstrand, bei Wellensurfern sehr beliebt*

An Carrapateiras Vorzeigestrand, zu dem ein 1,5 km langer, asphaltierter Weg führt, tummeln sich die Wellenreiter. Eine Infrastruktur gibt es, abgesehen von einer einfachen Strandbar, nicht. So zeigt sich der 1500 m lange, von flachen Dünen gesäumte Sandstreifen weitgehend in seinem natürlichen Zustand. Zu beiden Seiten grenzen bizarre Klippenlandschaften an, die wunderbare Fotomotive liefern. Am Nordrand führt ein kurzer Fahrweg zur Ponta do Castelo hinauf, einem Aussichtspunkt, an dem Fundamente maurischer Fischerkaten (12. Jh.) gefunden wurden. Gleich daneben liegt hoch über der Steilküste die moderne Fischersiedlung Sítio do Forno. Ihr winziger Hafen duckt sich unter die Felsen.

Pontal
| Landspitze |

Die klippenreiche Landzunge grenzt nördlich an die Praia do Amado. Sie wird durch einen 10 km langen, ausgeschilderten Rundwanderweg erschlossen, der im Dorfzentrum am Largo da Carrapateira beginnt. Er verläuft vorwiegend über staubige Pisten (auch für Mountainbiker geeignet). Nur auf einem kürzeren Küstenabschnitt folgt er einem alten Fischerpfad. Radler können diese Stelle auf der Piste umfahren. Holzstege führen unterwegs hier und da zu besonders eindrucksvollen Aussichtsstellen mit Blick über die etwa 25 m hohe Steilküste. Der Weg berührt auch die im Norden an den Pontal anschließende Praia da Bordeira, einen 3000 m langen, recht einsamen Sandstrand (ab Carrapateira mit dem Pkw zu erreichen, 1 km).

 Restaurants

€€ | **Sítio do Forno** Von der windgeschützten Terrasse bietet sich ein wunderbarer Blick über das Meer, am schönsten zum Sonnenuntergang. Der Fisch kommt frisch aus dem in der Nähe gelegenen, kleinen Hafen. ■ Praia do Amado, Tel. 282 97 39 14, Di – So 12.30–22 Uhr

43 Aljezur

Verwinkelte Altstadt mit weißen Häusern und Burgruine

Information

- Posto de Turismo, Rua 25 de Abril 62, 8670-088 Aljezur, Tel. 282 99 82 29, www.cm-aljezur.pt

Die Silbe »al« im Ortsnamen deutet auf arabische Wurzeln hin. In der Tat wurde Aljezur im 10. Jh. von den Mauren gegründet. Bald entwickelte sich die Siedlung zum wichtigen Handelsplatz an der damals noch schiffbaren Ribeira de Aljezur. Das Erdbeben von 1755 zerstörte die damals seit fast vier Jahrhunderten christliche Stadt bis auf die Grundmauern. So verfügte der zuständige Bischof den Bau einer neuen Kirche in der Ebene am jenseitigen Flussufer. Es entstand die heutige Neustadt Igreja Nova. Aber auch die verwinkelte Altstadt mit den weißen Häusern wurde wieder aufgebaut. Die knapp 2000 Bewohner beider Ortsteile treffen sich in der Markthalle am Fluss, um das Angebot zu prüfen und sich nach dem Einkauf im Marktcafé zum Plausch mit Freunden und Bekannten niederzulassen. Zum Meer hin erstrecken sich weitläufige Ferienhaussiedlungen, die sich v.a. im Sommer beleben. Gebadet und gesurft wird an der 500 m langen, traumhaften Praia da Arrifana, am ehemaligen Fischerstrand Praia de Monte Clérigo oder an der Praia da Amoreira, die sich dank der Lagune in der Mündung der Ribeira de Aljezur besonders für Kinder eignet. Die Strände liegen jeweils etwa 8 km vom Stadtzentrum entfernt (Straßenanschluss).

Im Blickpunkt

Das maurische Erbe

Nach der Reconquista machten die christlichen Eroberer die meisten Zeugen der islamischen Epoche dem Erdboden gleich. An der Stelle von Moscheen wurden Kirchen gebaut. Von den verspielten maurischen Palästen zeugen nur Fundamente. Burgen hingegen nutzten die Kreuzritter meist weiter. Sie erfuhren erst allmählich Veränderungen durch Umbauten. Oft fällt die Unterscheidung schwer, ob Teile der Wehranlagen aus maurischer oder christlicher Zeit stammen. Eine weniger spektakuläre Hinterlassenschaft der Mauren sind die »noras«, von im Kreis gehenden Tieren angetriebene Wasserhebewerke, die bis in die 1980er-Jahre hinein an der Algarve in Betrieb waren. Viele Details lassen sich überdies auf die Mauren zurückführen, etwa ornamentale Keramikfliesen (»azulejos«) oder die für traditionelle Häuser typischen Schornsteine (»chaminés«).

Sehenswert

Castelo de Aljezur
| Burgruine |

Eine ehemals maurische Burg (10.–13. Jh.) krönt den Hügel, an den sich die Altstadt von Aljezur schmiegt. Obwohl es sich um eine der sieben Festungen handelt, die im Verlauf der christlichen Rückeroberung der Algarve um 1246 fielen und seither das portugiesische Wappen schmücken, wird sie von den Touristenströmen eher links liegen

Aljezur 43

Der Fluss bildet die Grenze zwischen Altstadt und Neustadt in Aljezur

gelassen. Trotz einiger halbherziger Restaurierungsmaßnahmen verfiel das Castelo de Aljezur in den Jahrhunderten nach der Reconquista immer mehr. Heute ist von der Anlage lediglich die Wehrmauer mit zwei Türmen erhalten, doch bietet sich von hier ein weiter Panoramablick über die ganze Gegend.
■ Rua Dom Paio Peres Correia s/n, frei zugänglich

Parken

Kleiner Parkplatz am Largo do Mercado vor der Markthalle (gratis). Parken an der Burg eingeschränkt.

Restaurants

(22) €€ | **O Paulo** Hoch über den Klippen auf der Ponta da Arrifana schwebt das moderne Aussichtsrestaurant. Auf der Karte stehen Fisch und Meeresfrüchte, aber auch für Fleischfans ist gesorgt. ■ Arrifana (8 km südwestl. von Aljezur), Tel. 934 97 52 50, www.restauranteopaulo.com, tgl. 12.30–24 Uhr

€€ | **Pont'a Pé** Der Klassiker im Ort, mit guter Algarve-Küche, die in reichlichen Portionen serviert wird. Die Gäste speisen im kleinen Innenraum oder an den Tischen vor der Tür. ■ Largo da Liberdade 12, Tel. 282 99 81 04, So geschl.

Einkaufen

Mercado Municipal de Aljezur: Kleine, aber gut mit regionalen Produkten bestückte Markthalle unten am Fluss.
■ Rua 25 de Abril, Mo–Sa 8–14 Uhr

Events

Festival da Batata-doce An drei Tagen Ende November feiert Aljezur das größte herbstliche Kulinarik-Ereignis

43 Aljezur

Baden, Surfen, Kajakfahren – an der Praia de Odeceixe ist alles möglich

im Süden Portugals. Im Mittelpunkt steht die Süßkartoffel, die in der Umgebung angebaut wird. Mit einem Kunsthandwerks
markt, dem Verkauf von traditionellem Gebäck, Showcooking sowie Wein- und Schnapsprobe. Parallel dazu bieten alle Restaurants und Kneipen im Ort Gerichte mit den süßen Knollen an.
 Espaço Multiusos (Gratistransport mit Touristenbahn ab Parkplatz hinter dem Centro de Saúde in der Neustadt), Fr/Sa 12–24, So 12–22 Uhr, www.festival-batatadoce.cm-aljezur.pt, Eintritt frei

✴ Erlebnisse

Burros & Artes Eselwandern veranstaltet Sofia von Mentzingen in der lieblichen Umgebung von Aljezur. Kinder dürfen reiten, Erwachsene führen ihren Esel. Die Touren ab 1,5 Stunden finden im Sommer auch bei Mondschein statt.
 Vale das Amoreiras, Tel. 282 99 50 68, www.eselwandern-algarve.blogspot.de, 1,5 Std. ca. 35 € pro Esel

Sport

Der Fernwanderweg Rota Vicentina verläuft von Odeceixe über Aljezur zum Cabo de São Vicente. Er eignet sich auch zum Radfahren. Verleih von Mountainbikes im Waschsalon The Washout, Rua 25 de Abril 130, Tel. 282 99 41 00, www.algarvissimo.com, ca. 12 €/Tag www.rotavicentina.com

44 Odeceixe

Selten besuchter Grenzort zum Alentejo mit hellen Sandstränden

Den gefälligen Ort beherrscht eine hübsche Windmühle, die auf einem Hügel oberhalb der weißen, mit roten Ziegeln gedeckten Häuser thront. Die nur rund 1000 Einwohner tragen nicht wirklich zur Belebung der engen, oft nur für Fußgänger geeigneten Gassen bei. Am ehesten etwas los ist am Dorfplatz Largo 1° de Maio, um den sich ein paar Restaurants und Bars gruppieren

Odeceixe liegt unmittelbar an der Grenze zur Nachbarregion Alentejo und ist damit das nördlichste Küstenstädtchen der Algarve. Obwohl es eigentlich gar nicht unmittelbar am Meer liegt, sondern 4 km von diesem entfernt am Ufer der schmalen Ribeira de Seixe. Im Flusstal gedeihen Süßkartoffeln und Mais, etwa im Februar blühen die Mandelbäume. Auch die Fischerei hat noch eine gewisse Bedeutung, während der Tourismus hier eher bescheidenes Format hat. Die Sommergäste wohnen vorwiegend in Privatquartieren.

 In der Umgebung

Praia de Odeceixe
| Strand |

Ein junges Publikum bevölkert während der Sommermonate die helle Sandzunge zwischen der Flussmündung und dem Atlantik. Durch hohe Felswände sowohl im Norden als auch im Süden geschützt, eignet sich der Strand relativ gut zum Baden. Außerdem wird auf dem Meer gesurft und auf der Ribeira de Seixe Kajak gefahren. Wegen ihrer Schönheit wurde die Praia de Odeceixe sogar unter die »7 maravilhas«, die sieben Wunder Portugals, in der Kategorie Strände gewählt. Kenner halten sie für eines der am besten gehüteten Geheimnisse der Algarve.

45 Marmelete

Kunsthandwerkerdorf und Zentrum der Produktion von Erdbeerschnaps

Großflächige Eukalyptusforste umgeben das 800-Einwohner-Dorf in der Serra de Monchique. Vor Jahrzehnten noch lebten hier viermal so viele Menschen. Doch die meisten kehrten dem harten Leben in der Gebirgsregion den Rücken. Ackerbau ist hier kaum möglich. Daher spezialisierten sich viele der verbliebenen Bewohner auf die Gewinnung von Honig, der sein besonderes Aroma den Blüten der Gebirgsflora verdankt. Andere widmen sich der Korbflechterei oder dem Schnitzen hölzerner Kochlöffel. Das wichtigste wirtschaftliche Standbein dürfte aber die Haltung von Schweinen sein, aus deren Fleisch landestypische Schinken- und Wurstwaren hergestellt werden. Verkauft wird nicht direkt in Marmelete, wohl aber in Monchique (S. 166). Wer die

Im Blickpunkt

Schnaps von Baumerdbeeren

Kein Getränk dürfte typischer für die Algarve sein. Außerhalb der Region ist der »medronho« kaum bekannt. Gebrannt wird der raue Rachenputzer aus den Früchten des Erdbeerbaums, die wie überdimensionale Walderdbeeren aussehen und in rohem Zustand kaum genießbar sind. Der Baum gedeiht wild in der Serra de Monchique, dem Zentrum der Produktion. Bars in Marmelete und Monchique schenken das feurige Getränk aus. Da die Ernte der Beeren recht umständlich ist, hat der rar gewordene »medronho« durchaus seinen Preis. So ist er auch nicht in Supermärkten erhältlich, sondern nur in Spezialgeschäften, etwa in Monchique.

45 Marmelete

einheimischen Spezialitäten direkt vor Ort probieren möchte, ist auf die kleinen Bars angewiesen, in denen die Einheimischen ihre knapp bemessene Freizeit verbringen, wobei der stets laufende Fernseher einfach dazugehört.

Restaurants

€€ | **A Tasca do Petrol** Die typische deftige Küche des Algarve-Hinterlands wird in dem Ausflugslokal an der Straße nach Monchique, 4 km östlich von Marmelete, aufgetischt. ■ N 267, Corgo do Vale, Tel. 282 95 51 17, Mi geschl.

46 Monchique

Uriges Bergstädtchen, Verkauf von Möbeln, Honig und Wurstwaren

Information

■ Posto de Turismo, Rua da Estrada Velha 2 (Largo de São Sebastião), 8550-428 Monchique, Tel. 282 91 11 89, www.cm-monchique.pt

Der Hauptort der gleichnamigen Serra, in dem 2300 Menschen leben, ist zumindest auf den ersten Blick nicht das romantische Gebirgsdorf, das sich mancher Besucher erträumt, sondern fast schon eine kleine Industriestadt. Seit Jahrhunderten stellen Manufakturen hier Textilien aus Wolle und Leinen sowie Möbel und andere Gegenstände aus dem Holz von Edelkastanien und Walnussbäumen her. Heute hat diese Produktion längst nicht mehr die frühere Bedeutung, konnte aber als gefragtes Kunsthandwerk überleben. Auf den Bauernhöfen rings um den Ort werden Schweine gehalten. Mehrere Metzgereien verkaufen allerlei »enchidos« (Wurstwaren) und Bergschinken. Monchique quetscht sich in ein enges Tal. Diesem folgen die zwei wesentlichen Straßenzüge, die im Largo dos Chorões zusammenlaufen. Dort treffen sich die älteren Männer, die oft noch ihre traditionellen dunklen Hüte ausführen. Rings um den Platz laden ein paar Cafés zur Einkehr ein. Oberhalb schließt sich der historische Ortskern mit seinen engen Gassen an.

Im Blickpunkt

Manuelinischer Baustil

Verspielt wirkende Steinmetzarbeiten verzieren vielerorts an der Algarve die Kirchenportale. Sie stammen aus der Regierungszeit von König Manuel I. (1495–1521), in der Portugal eine wirtschaftliche und kulturelle Blüte erlebte. Der König schuf seinen eigenen Baustil, inspiriert durch die Entdeckung unbekannter Länder in anderen Kontinenten. So ist die Manuelinik einzigartig auf der Welt. Sie orientiert sich noch an der spätgotischen Architektur, greift aber auch Elemente der Renaissance auf. Das Besondere sind die dekorativen Elemente aus der Seefahrt, allen voran die Schiffstaue, die in sich gedreht und verschlungen in Stein gehauen wurden. Aber auch Netze oder Armillarsphären, Navigationsinstrumente der Antike, sind immer wieder zu sehen, außerdem Meeresfrüchte, Blätter und Zweige von Pflanzen oder auch exotisches Getier.

Monchique

 Sehenswert

Igreja Matriz
| Kirche |

In einem stillen Teil der Altstadt steht die Hauptkirche von Monchique. Das Besondere an ihr ist das manuelinische Portal. Es stammt vom ursprünglichen, um 1500 errichteten Bau und überstand das Erdbeben von 1755 nahezu unbeschadet. Die Kirche selbst hingegen musste nach dem Erdbeben gründlich restauriert werden. Die für die Manuelinik so typischen Taue oder Stricke münden oberhalb des flachen Spitzbogens in fünf dicke Knoten. An den Säulen, die den Eingang flankieren, sind Fratzen zu erkennen. Zwei einfachere Seitenportale stammen aus der gleichen Zeit.

Das dreischiffige Innere der Kirche wirkt vergleichsweise schlicht. Umso mehr glänzt das vergoldete Retabel des Hauptaltars, das aus dem 18. Jh. stammt. In seinem Bogen halten zwei Engel Sonne und Mond, unten stützen zwei kleine Atlanten die gesamte Konstruktion. Die Figur der Nossa Senhora da Conceição (Empfängnismadonna) im Zentrum der Altarrückwand wird Joaquim Machado de Castro (1731–1822) zugeschrieben, einem der renommiertesten portugiesischen Bildhauer seiner Zeit.

Ein Abstecher zur Rückseite der Kirche lohnt in jedem Fall. Hier befindet sich ein Aussichtsplatz, von wo aus der Blick über das Tal schweift. Unterhalb davon betreibt der Keramikkünstler Leonel Telo sein Atelier, eine romantische Werkstatt, die beinahe wie ein Museum anmutet.

■ Kirche: Rua da Igreja s/n, tgl. 8.30–17 Uhr; Keramikatelier: Rua do Corro 2, tgl. 11–17 Uhr

Bunte Häuserzeile in einer Altstadtgasse des Bergstädtchens Monchique

 Parken

Am zentralen Platz, dem Largo de São Sebastião, befindet sich ein Parkhaus neben der Touristeninformation, 0,80 €/Std.

Restaurants

€ | **A Rampa** Schlichter Rahmen, aber das scharf gewürzte Hähnchen »piri-piri« halten viele für das beste der Algarve. ■ Caminho da Fóia, Tel. 282 91 26 20, Di geschl.

€€ | **A Charrete** Das Traditionslokal in der Altstadt ist mit vielen Sammlerstücken eingerichtet und bietet ein gutes Preis-Leistungs-Verhältnis. ■ Rua Doutor Samora Gil 30, Tel. 282 91 21 42, Mi geschl.

Monchique

Einkaufen

Casa dos Arcos Die Möbelmanufaktur produziert die legendären Klappstühle, die als Erfindung der Römer gelten. ■ Rua Calouste Gulbenkian, Tel. 282 91 10 71

Evangelista de Oliveira Erste Adresse für die berühmten Schinken und Würste der Serra de Monchique. ■ Calçada de Santo António 33, Tel. 282 91 21 14, www.evangelistadeoliveira.com

(23) **Mel e Medronho** Hier vermarkten die Produzenten selbst. Im Angebot sind Honig, »medronho« (S. 163) sowie Konfitüre und Gelee in diversen exotischen Geschmacksrichtungen, Liköre und Brandy. Mit Gelegenheit zur Probe! ■ Largo dos Chorões, Tel. 967 73 57 83, tgl. 10–19 Uhr

Im Blickpunkt

Barranco dos Pisões

Großflächig wurde die Serra de Monchique im 20. Jh. mit Eukalyptus aufgeforstet. Entsprechend monoton wirkt oft die Landschaft. Aber einen Lichtblick gibt es doch: Ganz natürlich wirkt der Barranco dos Pisões, eine schattige, kühle Schlucht 6 km nördlich von Monchique, durch die ganzjährig ein Bach plätschert. Hier lohnt ein Spaziergang zum Moinho do Poucochinho, einer alten Wassermühle. Im Sommer belebt sich der angrenzende Picknickplatz unter einer riesigen Platane. Zu erreichen über die M 501. Etwa 3 km nördlich von Monchique nach einer auffälligen Serpentine rechts auf das Schild »Moinho de Água« achten.

In der Umgebung

Fóia
| Berg |

(24) *Mit Abstand höchster Gipfel der Region, Panoramablick*

Der höchste Berg der Algarve, der Fóia (902 m), überragt Monchique im Westen. Eine kurvenreiche, 8 km lange Straße führt hinauf und passiert zunächst ein paar Ausflugslokale. Später lohnt unbedingt ein Halt an einem Miradouro mit Fernblick bis zur Küste und kleinem Picknickplatz. Einheimische füllen das saubere Wasser der dortigen Quelle gern in Kanister, um es mit nach Hause zu nehmen. Wenig später ist das kahle Gipfelplateau erreicht, auf dem Sendemasten und ein Restaurant mit Souvenirladen und Kunsthandwerkerzentrum stehen. Hier ergibt sich eine Panoramasicht in alle Richtungen.

47 Caldas de Monchique

Nostalgisches Thermalbad in einem üppig grünen Tal

Den Kurort bilden mehrere nostalgische Hotels, die Ende des 19. Jh. für die damalige portugiesische Oberschicht errichtet wurden. Sogar König Carlos I. quartierte sich 1897 hier ein. Der Gebäudekomplex steht in einem engen, schattigen Tal, in dem die hohe Luftfeuchtigkeit eine subtropische Vegetation mit Palmen und Hortensien gedeihen lässt. Acht Quellen entspringen hier. Ihr zwischen 27 und 31,5 Grad warmes, mineralreiches Wasser gilt als heilsam bei Erkrankungen der Atemwege, der Haut und der Leber. In jüngerer Zeit wurden die Hotels

Caldas de Monchique

Vom Fóia bietet sich ein Rundumblick auf die gesamte Küstenregion

restauriert und zeitgerecht eingerichtet. Nach wie vor kurt hier ein eher distinguiertes Publikum, das sich auf dem zentralen Platz, wo ein Café Tische im Schatten hoher Ulmen aufstellt, unter die Tagesbesucher mischt. Am Südrand des Platzes zieht das ehemalige Casino im neomaurischen Stil mit seinen Hufeisenbögen die Blicke auf sich. Lauschige Wege führen bergauf in den Kurpark zu Quellen und Teichen. Unterhalb der Hotels arbeitet eine Mineralwasserfabrik. Das Wasser von Monchique wird an der Algarve in vielen Supermärkten verkauft.

 Sehenswert

Parque da Mina
| Freilichtmuseum |

Südlich von Caldas de Monchique entstand in einem Gehöft aus dem 18. Jh. ein privates Bauernmuseum. Das Haus ist mit dem Originalmobiliar der seinerzeit recht wohlhabenden Besitzer eingerichtet. Draußen im Hof steht der Nachbau einer Brennerei für »medronho«. In Ställen und Gehegen leben über 100 Tiere, u. a. Ponys, Zwergziegen und Schafe. Außerdem ist eine alte Eisenmine vom einstigen Bergbau in der Serra de Monchique zu besichtigen.

■ Vale de Boi, www.parquedamina.pt, April–Sept. tgl. 10–19, Okt. tgl. 10–17, Nov.–März Mi–So 10–17 Uhr, Eintritt 10 €

 Restaurants

€€ | **Rouxinol** Gemütliches Café-Restaurant mit lauschiger Gartenterrasse. Mediterrane Küche, auch Vegetarier kommen auf ihre Kosten. ■ EN 266, Tel. 282 91 39 75, Mo/Di geschl.

 Entspannung

Monchique Spa Resort Um hier zu kuren, muss man sich nicht gleich im Badehotel (S. 168) einquartieren. Es gibt auch »Day Spa«-Angebote ab 75 €. ■ Tel. 282 91 09 10, www.monchiquetermas.com

Übernachten

Weder die Costa Vicentina noch die Serra de Monchique sind Massentourismusziele, daher sind Unterkünfte eher rar. Es empfiehlt sich frühzeitige Buchung. Die Preise liegen unter denen der Südküste. Badestrände bieten Sagres und Aljezur, in Carrapateira tummeln sich Brandungssurfer. Ländlicher Tourismus findet rund um Monchique statt, Kurhotels gibt es im Thermalbad Caldas de Monchique.

Sagres ... 155

 €€€ | **Memmo Baleeira** Helle Einrichtung, großartiger Blick über Hafen und Meer, Frühstücks- und Abendbuffet mit örtlichen Produkten. ■ Sítio da Baleeira, 8650-357 Sagres, Tel. 282 62 42 12, www.memmohotels.com

€€€ | **Pousada do Infante** Haus der exklusiven Hotelkette an der Steilküste. ■ Ponta da Atalaia, Sagres 8650-385, Tel. 282 62 02 40, www.pousadas.pt

Carrapateira ... 159

€€€ | **Aldeia da Pedralva** Ein verlassenes Dorf, das zur Ferienanlage für Ruhe suchende Urlauber umgebaut wurde. ■ 7 km südwestlich von Carrapateira, 8650-401 Vila do Bispo Tel. 282 63 93 42, www.aldeiadapedralva.com

Aljezur ... 160

€€ | **Herdade Monte do Sol** Anlage mit fünf netten Apartments. ■ Praia da Arrifana, 8670-158 Aljezur, Tel. 282 99 73 58, www.herdademontedosol.com

Monchique ... 164

€€ | **Casa Spa d'Alma** Romantisches B&B in ländlicher Quinta. ■ Alto de Baixo, Alferce, 8550-012 Monchique, Tel. 282 91 10 03, www.spadalma.eu

Caldas de Monchique ... 166

€€€ | **Monchique Spa Resort** 4-Sterne-Komplex aus fünf renovierten Kurhäusern (19. Jh.). ■ 8550-232 Monchique, Tel. 282 91 09 10, www.monchiquetermas.com

ADAC *Das besondere Hotel*

In den Bergen oberhalb von Aljezur wird der Traum, in einem Baumhaus zu übernachten, wahr. Dusche, Öko-Toilette und Miniküche sind vorhanden. **The Walnut Tree Farm** bietet noch weitere ungewöhnliche Unterkünfte, nämlich ein altes Steinhaus und eine Jurte.

€€ | *N-267, 8 km östl. von Aljezur, Tel. 282 99 19 04, www.walnut-tree-farm.com*

Das Magazin mit den schönsten Seiten der Welt!

- Spannende, exklusiv recherchierte Reportagen
- Mehr als 250 brillante und stimmungsvolle Fotos
- Zahlreiche Übersichtskarten und Detailpläne
- Serviceseiten mit Insider-Tipps und Hintergrundinfos

Überall, wo es Bücher gibt, und beim ADAC.
adac.de/shop

Alle zwei Monate neu!

ADAC Medien und Reise GmbH

ADAC Service Algarve

Beim **ADAC Infoservice**, in den **ADAC Geschäftsstellen** sowie auf dem **Internetportal des ADAC** (adac.de) erhalten Sie Informationen zu den Dienstleistungen des Automobilclubs und zu Ihrem Reiseziel. Als **ADAC Mitglied** können Sie zudem das kostenlose **ADAC TourSet® Portugal** mit vielen Reiseinfos und Karten anfordern oder die **TourSet App** auf dem **Smartphone** oder **Tablet-PC** installieren (adac.de/toursetapp).
Rufen Sie bei Notfällen und Pannen den **ADAC Notruf** bzw. den **ADAC Auslandsnotruf** an. Unser Team steht Ihnen rund um die Uhr zur Verfügung.

ADAC Infoservice
Tel. 0 800/510 11 12
Infos zu allen ADAC Leistungen
(Mo–Sa 8–20 Uhr, gebührenfrei)

ADAC Notruf Deutschland
Tel. 0 180/222 22 22
(24 Std., ca. 6 ct/Anruf, max. 42 ct/Min. aus deutschem Mobilfunknetz)

ADAC Notruf Mobil-Kurzwahl
Tel. 22 22 22
(Gebühren variieren je nach Netzbetreiber)

ADAC Auslandsnotruf
Tel. +49/89/22 22 22
(Gebühren variieren je nach Netzbetreiber und Land)

Internet-Serviceangebote des ADAC für Ihre Reiseplanung

Service	Webadresse
Aktuelle Verkehrslage	adac.de/verkehr
ADAC Routenplaner	adac.de/maps
Infos zu Tankstellen und Spritpreisen	adac.de/tanken
Infos zu mautpflichtigen Strecken	adac.de/maut
Infos zu Fährverbindungen	adac.de/faehren
ADAC TourMail (Aktuelle Infos vor Anreise)	adac.de/tourmail
Informationen für Camper	adac.de/camping
Informationen für Motorradfahrer	adac.de/motorrad
Informationen für Segler und Skipper	adac.de/sportschifffahrt
ADAC Reiseangebote	adacreisen.de
ADAC Autovermietung	adac.de/autovermietung
ADAC Versicherungen für den Urlaub	adac.de/versicherungen
Weltweite Preisvorteile für ADAC Mitglieder	adac.de/vorteile-international

Diese **Produkte des ADAC** könnten Sie interessieren: **ADAC Reiseführer Portugal, ADAC Reiseführer Lissabon** und der **ADAC Campingführer Südeuropa** – erhältlich im Buchhandel, bei den ADAC Geschäftsstellen und in unserem ADAC Online-Shop (adac.de/shop).

Algarve von A–Z

Anreise und Einreise

Auto

Von Köln auf der **A 4** nach Aachen, dann über Lüttich/Namur, Paris, Bordeaux und Salamanca nach **Sevilla** und weiter zur spanisch-portugiesischen Grenze bei **Ayamonte**. Für die Strecke von ca. 2400 km sind zwei bis drei Tage zu veranschlagen. In **Frankreich** ist die Autobahn fast durchgehend mautpflichtig, in **Spanien** nur auf dem ersten Abschnitt **bis Burgos**. Alternativ bietet es sich an, ab Salamanca auf der **E 80/E 1** über Coimbra und Lissabon nach **Faro** zu fahren (zusätzliche Fahrzeit ca. 1 Std.). Diese Strecke führt bis Lissabon nicht durchgängig über die Autobahn, aber stets über Schnellstraßen. In **Portugal** sind die Autobahnabschnitte mautpflichtig.

Wer in Süddeutschland startet, fährt am schnellsten von **Freiburg** über Lyon, Montpellier, Barcelona und Córdoba nach **Sevilla**. Bis zur Algarve sind es auf dieser Strecke, die in Frankreich und Spanien großenteils mautpflichtig ist, ab Freiburg etwa 2200 km.

Für einen **Pkw** fallen jeweils **Mautgebühren** von 100 bis 130 € pro Strecke an. Diese können in Frankreich und Spanien mit Kreditkarte oder Bargeld entrichtet werden. Zur Autobahnmaut in Portugal siehe Kasten S. 70.

Bahn und Bus

Die Anreise per Bahn von Deutschland an die Algarve dauert 32–45 Std. und kostet pro Strecke etwa 400 € (www.bahn.de). Günstiger wird es mit dem **InterRail Global Pass** (www.interrail.eu; z.B. 7 Reisetage innerhalb eines Monats 318 €, bis 25 Jahre 253 €). Es geht von **Köln** über Paris/Irún oder von Straßburg über Lyon/Barcelona jeweils nach **Madrid** und weiter über Lissabon nach **Faro**. Mehrmaliges Umsteigen ist erforderlich. In Paris und Madrid muss außerdem mit der Metro zwischen zwei Bahnhöfen gewechselt werden.

Eine Bahnverbindung von **Sevilla**, das per Hochgeschwindigkeitszug ab Madrid erreichbar ist, an die Algarve besteht nicht. Es gibt aber Fernbusverbindungen von Sevilla nach Faro und Lagos (www.damas-sa.es).

Von vielen **deutschen Großstädten** fahren **Fernbusse** an die Algarve, etwa nach Faro, Albufeira, Portimão oder Lagos (von Frankfurt am Main nach Faro 37,5 Std., einfach 163 €, www.eurolines.de).

Flugzeug

Die mit Abstand schnellste und oft auch preisgünstigste Form der Anreise an die Algarve von Mitteleuropa aus ist der Flug. Nonstop dauert der Flug nach **Faro** (www.ana.pt) durchschnittlich etwa 3 Std., Hin- und Rückflug kosten je nach Flugtag/Flugzeit und gewählten Extras (Gepäckmenge, Verpflegung, Sitzplatzreservierung) zwischen 90 und 1000 €.

Verbindungen bestehen von Flughäfen in Deutschland, Österreich und der Schweiz z.B. mit **Condor** (www.condor.com), **TUIfly** (www.tuifly.com), **Eurowings** (www.eurowings.com) und **Germania** (www.flygermania.com). Im Sommer wird Faro häufig angeflogen, im Winter je nach Abflughafen einmal oder mehrmals pro Woche.

Der **Aeroporto de Faro** befindet sich etwa 6 km westlich der Stadt. Mit dem Bus (Linien 14, 16, www.proximo.pt) gelangt man ungefähr stdl. in die Stadt (Fahrzeit 15 Min.). Eine **Taxifahrt** kostet etwa 10 €.

Algarve von A–Z

Einreise und Dokumente

Portugal ist Teil des **Schengenraums**. Es gibt daher keine oder nur stichprobenartige Grenzkontrollen. Urlauber aus Deutschland, Österreich und der Schweiz müssen jedoch einen noch mindestens drei Monate gültigen **Personalausweis** oder **Reisepass** bei sich haben. Für **Kinder** bis zum vollendeten zwölften Lebensjahr genügt ein **Kinderreisepass**. Wir empfehlen, **Fotokopien** Ihrer Reisedokumente getrennt von den Originalen aufzubewahren oder die Dokumente in eine **Cloud** zu stellen.

Auto und Straßenverkehr

Führerschein und Papiere

Autofahrer benötigen einen nationalen **Führerschein** sowie den **Kfz-Schein**. Bei Autos ohne Euro-Nummernschild ist ein **Nationalitätskennzeichen** erforderlich. Die Mitnahme der Internationalen Grünen **Versicherungskarte** ist zwar nicht mehr zwingend, wird jedoch empfohlen, da sie bei einem Unfall die Abwicklung erleichtert.

Tempolimits in Portugal

(Ausnahmen siehe Verkehrsvorschriften)

Straße	Tempolimit
Autobahn	max. 120 km/h
Schnellstraße	max. 100 km/h
Landstraße	max. 90 km/h
Ortschaft	max. 50 km/h

Straßennetz und Sicherheit

Das Straßennetz an der Algarve ist gut ausgebaut. Für Wohnwagengespanne und Wohnmobile kann es in Ortschaften allerdings schon einmal etwas eng werden. In den Städten an der Algarve gibt es zahlreiche Einbahnstraßen, die manchmal verwirren können.

Kreisverkehr

Sehr häufig sind Kreisverkehre zu finden. Wer sich im Kreisel befindet, hat **Vorfahrt**. Wer die nächste Ausfahrt nehmen möchte, benutzt die rechte Spur. Andernfalls muss in **zweispurigen Kreiseln** innen gefahren werden, bis zum Ausfahren nach rechts gewechselt wird. Vorsicht, auf diese noch recht neue Regel sollte man sich nicht gänzlich verlassen, sie wird nicht immer eingehalten. Außerdem gelten **Ausnahmen** für schwere Fahrzeuge, Fahrräder sowie Tiergespanne.

Verkehrsvorschriften

Höchstgeschwindigkeiten (in km/h): Pkw/Wohnmobile über 3,5 t/Gespanne auf Autobahnen 120/110/100, Schnellstraßen 100/90/80, Landstraßen 90/80/70, in Ortschaften jeweils 50 km/h. Oft ist die erlaubte Geschwindigkeit durch eine entsprechende Beschilderung weiter eingeschränkt, z.B. innerorts in verkehrsberuhigten Zonen auf 20 km/h. **Verstöße** werden mit hohen Bußgeldern geahndet. Bußgeldbescheide können auch in Deutschland vollstreckt werden.

Die **Promillegrenze** liegt bei 0,5. Für jeden Mitfahrenden ist eine **Warnweste** im Wagen mitzuführen, die bei Unfall oder Panne bei Verlassen des Fahrzeugs getragen werden muss. Beim **Überholen** von Radfahrern ist ein **Mindestabstand** von 1,5 m einzuhalten.

Tanken

Das Tankstellennetz ist dicht. Angeboten werden **bleifreies Super** (95 und 98 Oktan) und **Diesel**, seltener auch **Autogas**. E10-Kraftstoffe sind

Algarve von A–Z

noch nicht üblich. Die **Kraftstoffpreise** liegen etwas über deutschem und österreichischem Niveau, in **Spanien** dagegen deutlich darunter. Deshalb empfiehlt sich vor dem Grenzübertritt das Volltanken.

Parken

In manchen Städten parken Sie noch überall gratis. Häufig sind aber im Zentrum blau markierte, **gebührenpflichtige Zonen** ausgewiesen (mit Parkautomat). Die Überwachung ist streng, es werden hohe **Strafgebühren** verlangt. Oft ist es daher sinnvoller, auf einen gebührenpflichtigen Parkplatz oder in ein Parkhaus auszuweichen, wo Sie erst beim Ausfahren bezahlen müssen. Die **Parkgebühren** schwanken je nach Ort und Saison zwischen 0,60 und 2 €/Std. An gelb markierten Straßenrändern besteht **absolutes Park- und Halteverbot.** Hier droht die Abschleppung.

Auch an **Naturstränden** kann es während der Hochsaison eng werden. Die dortigen Parkplätze sind meist gebührenfrei, im Sommer z. T. gebührenpflichtig. Es empfiehlt sich, schon am früheren Vormittag einzutreffen.

Maut

Die **Autobahnen** der Algarve sind **mautpflichtig**. Einzelheiten dazu siehe Kasten auf S. 70.

Unfall

Nach einem Unfall sollten Sie sofort anhalten, die Unfallstelle absichern und Erste Hilfe leisten, dabei an das Anlegen der Warnweste denken. Bei **Personenschaden** müssen Sie zwingend die Polizei verständigen (Notruf: 112). Liegt nur ein **Sachschaden** vor, empfiehlt sich die Verwendung des »Europäischen Unfallberichts«, der mehrsprachig über den ADAC erhältlich ist. **Mietwagenfahrer** müssen bei Panne oder Unfall sofort die Mietwagenfirma informieren, die Telefonnummer steht auf dem Mietvertrag. Den **ADAC Auslandsnotruf** erreichen Sie bei Fahrzeugpannen und -unfällen unter Tel. +49/89/22 22 22.

Unbedingt Kennzeichen, Namen und Anschrift von Fahrern und Haltern der beteiligten Fahrzeuge sowie deren Haftpflichtversicherung und Versicherungsnummer notieren. Außerdem Namen von (möglichst neutralen) **Unfallzeugen** festhalten und die Unfallstelle fotografieren. Unterzeichnen Sie keine fremdsprachigen Schriftstücke, deren Inhalt nicht verständlich ist. Lassen Sie sich bei Problemen vom ADAC Infoservice beraten (Tel. 0800/510 11 12).

Ihre **Schadensersatzansprüche** können Sie entweder bei der gegnerischen Versicherung in Portugal oder über einen Regulierungsbeauftragten der portugiesischen Haftpflichtversicherung in Deutschland geltend machen, der Ihnen über den Zentralruf der Autoversicherer vermittelt werden kann.

Zentralruf der Autoversicherer Auskunftsstelle/GDV
■ Glockengießerwall 1, 20095 Hamburg, Tel. 0800/250 26 00, +49/40/300 33 03 00, www.gdv-dl.de

Barrierefreies Reisen

Die Algarve ist recht gut auf Touristen mit Mobilitätseinschränkungen eingestellt. Die meisten **öffentlichen Einrichtungen** (Bahnhöfe, Flughafen, usw.) bieten Rampen oder Aufzüge

Festivals und Events

Februar
Carnaval (Karneval) – Überregional bekannt ist der Karneval von Loulé. Auch die Umzüge in Alte, Monte Gordo, Quarteira und Odeceixe sind sehenswert. In Moncarapacho steigt eine »Blumenschlacht«.

Juli
Nossa Senhora do Carmo (um den 16. Juli) – Zu Ehren der Schutzpatronin der Fischer wird in Küstenorten wie Faro, Fuseta oder Tavira mit bunten Prozessionen, Fadokonzerten und Theateraufführungen gefeiert.

Feira Artesanato (letzter Sonntag im Juli, Marmelete) – Kunsthandwerker zeigen auf der Messe, wie ihre Produkte entstehen. Mit regionaler Gastronomie und Folklore.

Im Februar ist Karneval in Loulé

August/September
Festival da Sardinha (5 Tage Anfang August, Portimão, www.cm-portimao.pt/festivaldasardinha) – Die Stadt feiert die Sardine, den »Brotfisch« der Algarve. Mit Wahl des Sardinenkönigs.

Festa Nossa Senhora da Orada (4 Tage um den 14. August, Albufeira) – Die Fischer begehen ihr uraltes Fest mit einer Bootsprozession.

Feira Medieval (Mitte August, Silves) – Zehntägiger Mittelaltermarkt mit Gauklern, Schlangenbeschwörern, Ritterturnieren, Kunsthandwerk und traditionellen Speisen.

Festival do Marisco (Mitte August, Olhão, www.festivaldomarisco.com) – Fünf Tage dreht sich in dem Fischerort alles um Meeresfrüchte.

Festa do Banho 29 (3 Tage um den 29. August, Lagos) – Einem alten Brauch folgend steigen die Stadtbewohner nachts in traditionellen Badekostümen ins Meer.

Dias Medievais (5 Tage Ende August/Anfang September, Castro Marim) – Die Christusritterburg steht ganz im Zeichen des Mittelalters.

Oktober
Festival Observação de Aves (6 Tage Anfang Oktober, Sagres) – Zur Beobachtung des Vogelzugs von Europa nach Afrika treffen sich Naturbegeisterte an der Südwestspitze Portugals.

November
Festival da Batata-doce (3 Tage Ende November, Aljezur, www.festival-batatadoce.cm-aljezur.pt) – Die Süßkartoffel steht im Mittelpunkt des kulinarischen Events.

Algarve von A–Z

sowie barrierefreie Sanitäranlagen. Auch viele **Strände** sind barrierefrei erreichbar (siehe Kasten S. 143). Die Buchung von **barrierefreien Hotels** und **Ferienwohnungen** geht z.B. über www.runa-reisen.de und www.traumferienwohnungen.de.

Diplomatische Vertretungen

Die Auslandsvertretungen Ihres Heimatlandes helfen Ihnen, wenn Sie Ihre Reisedokumente verloren haben, oder vermitteln, falls es zu Problemen mit portugiesischen Behörden kommen sollte.

Deutsches Honorarkonsulat
■ Rua António Crisógno dos Santos 29, Bloco 3, Escritório I, 8600-678 Lagos, Tel. 282 79 96 68, lagos@hk-diplo.de, www.lissabon.diplo.de

Österreichisches Honorarkonsulat
■ Beco de Gil Vicente 4, 8200-009 Albufeira, Tel. 919 26 89 64, consul.austria.algarve@hotmail.com, www.embaixadaaustria.pt

Schweizerische Botschaft
■ Travessa do Jardim 17, 1350-185 Lisboa, Tel. 213 94 40 90, www.eda.admin.ch/lisbon

Feiertage

1. Januar (Neujahr), 25. April (Nationalfeiertag), Karfreitag, Ostersonntag, 1. Mai (Tag der Arbeit), 10. Juni (Nationalfeiertag), Fronleichnam, 15. August (Mariä Himmelfahrt), 5. Oktober (Nationalfeiertag), 1. November (Allerheiligen), 1. Dezember (Nationalfeiertag), 8. Dezember (Mariä Empfängnis), 25. Dezember (Weihnachten). Der Karnevalsdienstag ist zwar kein offizieller Feiertag, dennoch bleiben Geschäfte und Büros meistens geschlossen. Jede Gemeinde weist außerdem einen örtlichen Feiertag aus.

Geld und Währung

Portugal gehört der **Eurozone** an. **Bankautomaten** für Kreditkarten und Debitkarten (»EC-Karten«), die auch in deutscher Sprache zu bedienen sind, stehen bei jeder Bankfiliale, in vielen Hotels und Einkaufszentren. Viele Geschäfte, Hotels, Restaurants, Tankstellen und Autovermietungen akzeptieren **Kreditkarten** und **EC-Karten**.
Nicht-Euro-Währungen (z.B. Schweizer Franken) kann man in Portugal in Banken (geöffnet meist Mo–Fr 8.30–15 Uhr) oder Wechselstuben tauschen. Eine **Wechselstube** finden Sie z.B. im Ankunftsbereich des Flughafens Faro. Günstigere Kurse bedeuten oft höhere Gebühren und umgekehrt.

Kosten im Urlaub
(durchschnittliches Preisniveau)

Tasse Kaffee	1,50 €
Softdrink (Limonade)	1,80 €
Glas Bier (0,4 l)	4 €
Glas Wein (0,2 l)	4 €
Hauptgericht (Restaurant)	12 €
Eintritt staatl. Museum	2 €
Mietwagen/Tag	15 €

Die **Preise** in Hotels und Restaurants, für Mietwagen, Busse und Taxis liegen eher unter denjenigen in Deutschland. Viele **Lebensmittel** wie Fleisch, Fisch oder Gemüse sind im Supermarkt billiger zu haben. Andere, importierte Waren können aber auch teurer sein.

Im Innenteil des Reiseführers finden Sie zahlreiche **ADAC Spartipps** für Ihren Algarve-Urlaub.

Gesundheit

Das staatliche portugiesische Gesundheitssystem bietet eine Basisversorgung. Jede Gemeinde verfügt über ein **Gesundheitszentrum** (»centro de saúde«), in dem mehrere Ärzte praktizieren. In größeren Städten gibt es öffentliche **Krankenhäuser** (»hospital«) mit Notaufnahmen. Bei Vorlage einer **Europäischen Krankenversicherungskarte** (i.d.R. in die nationale Gesundheitskarte integriert) haben EU-Bürger und Schweizer Anspruch auf die gleichen Leistungen wie Portugiesen. In komplizierten Fällen wird oft die Verlegung in eine **Privatklinik** nahegelegt. Die deutlich höheren Kosten dafür übernimmt die gesetzliche Krankenversicherung nicht unbedingt. Wir empfehlen daher für den Zeitraum der Reise den Abschluss einer **privaten Auslandskrankenversicherung**. Lassen Sie sich stets eine detaillierte Rechnung zur Vorlage bei der Versicherung ausstellen.

Ärzte und Gesundheitspersonal sprechen meist Englisch. Auch einige **deutsche Ärzte und Zahnärzte** praktizieren an der Algarve. Kontaktdaten sind über Hotels oder über die Deutsche Botschaft Lissabon (www.lissabon.diplo.de) zu bekommen.

Portugiesische **Apotheken** haben in der Regel Mo–Fr 9–13, 15–19 und Sa 9–13 Uhr geöffnet. Informationen zu 24-Stunden-Apotheken und solchen mit Notdienst sind unter www.farmaciasdeservico.net zu finden.

Rufnummern für Notfälle siehe Eintrag Notfall (S. 177).

Haustiere

Wer mit einem Haustier (Hund, Katze oder Frettchen) Grenzen innerhalb der EU übertritt, braucht einen **EU-Heimtierausweis**, der von autorisierten Tierärzten ausgestellt wird. Darin müssen eine gültige **Tollwutimpfung** (Erstimpfung mind. 21 Tage vor Grenzübertritt) und die Daten der Markierung eingetragen sein. Ein **Mikrochip** ist Pflicht.

Informationen

Für offizielle touristische Informationen über die Algarve ist die **ATA – Associação Turismo do Algarve** zuständig. Ihre auch auf Deutsch verfügbare Internetseite ist sehr informativ.

ATA - Associação Turismo do Algarve
■ Avenida 5 de Outubro 18,
8000-076 Faro, Tel. 00 51/289 80 04 03,
www.visitalgarve.pt

In den meisten Städten und Urlaubersiedlungen gibt es einen **Posto de Turismo** (Tourist-Information). Die Adressen der wichtigsten Büros finden Sie jeweils zu Beginn der Orts- und Städtebeschreibung in diesem Reiseführer.

Klima und beste Reisezeit

An der Algarve herrscht **Mittelmeerklima** mit heißen, trockenen Sommern und milden, regenreichen Wintern. Im Hochsommer klettern die Temperaturen auf rund 30 °C, im Winter liegen die Tageshöchsttemperaturen meist noch über 15 °C. Nachts sinkt das Thermometer im Juli und August auf etwa 20 °C, im Januar auf etwa 8 °C

Algarve von A–Z

ab. Auf die **Westküste** trifft oft ein heftiger Wind. Windgeschützter ist die **Südküste** der Algarve. Im Sommer wird sie hin und wieder von trockenem, heißem Saharawind erreicht.

Klimatabelle Algarve

Monat	Luft (°C) (min./max.)	Wasser (°C)	Sonne (Std./Tag)	Regentage
Jan.	8/16	15	4	10
Feb.	9/17	15	5	8
März	11/19	15	5	8
April	12/21	16	7	9
Mai	14/23	17	9	7
Juni	17/27	18	10	2
Juli	19/30	19	12	1
Aug.	20/29	20	11	1
Sep.	18/26	20	8	4
Okt.	15/23	19	6	10
Nov.	11/20	17	5	9
Dez.	10/17	16	4	12

Das Atlantikwasser bleibt auch im Sommer relativ kalt. So steigen die **Meerestemperaturen** in der wärmeren Jahreszeit nur wenig über 20 °C mit Höchstwerten im September an der Sandalgarve, wo bis zu 24 °C erreicht werden. Die **Badesaison** reicht von Juni bis weit in den Herbst hinein. Niederschläge fallen vor allem zwischen Oktober und April. In dieser Zeit kann es durchaus sehr heftig regnen, zwischendurch zeigt sich aber immer wieder und oft auch über mehrere Tage hinweg die Sonne.

Die Sommermonate sind die **beliebteste Reisezeit** – auch bei den Portugiesen. Vor allem im Juli und August kann es daher in den Ferienorten und an den Stränden sehr voll werden. Zudem ziehen die Hotelpreise spürbar an. Ruhiger und preiswerter ist es in der Vor- und Nachsaison. Im **Winterhalbjahr** reisen Menschen, die das milde Klima und die dann verhältnismäßig langen und hellen Tage genießen möchten, an die Algarve, darunter viele Golfer, Radfahrer und Wanderer.

Medien

Über aktuelle Ereignisse an der Algarve und touristisch interessante Themen informiert das deutschsprachige Monatsmagazin »**Entdecken Sie Algarve**« (www.entdecken-sie-algarve.com).

Nachtleben

In den **Sommermonaten** verlagert sich das aufregende Nachtleben von Lissabon zum Teil an die Algarve. Aber auch in den übrigen Jahreszeiten beleben sich Bars und Clubs mit Touristen, die oft aus ganz Europa anreisen, um einige Nächte an der Algarve durchzufeiern. Besonders ausgeprägt ist das Nachtleben in **Albufeira** auf der legendären Partymeile »The Strip«. Ein weiterer Hotspot ist **Praia da Rocha**. In **Lagos** geht es nachts in den Bars und Clubs der Rua 25 de Abril heiß her.

Adressen zum Nachtleben und Ausgehmöglichkeiten finden Sie in diesem Reiseführer bei den einzelnen Ortsbeschreibungen.

Notfall

Wählen Sie in Notfällen immer die gebührenfreie europäische **Notfallnummer 112**. Unter dieser Nummer erhalten Sie Hilfe von der Polizei oder der Feuer-

wehr sowie in medizinischen Notfällen (Rettungswagen, Notarzt).
ADAC Mitglieder können sich in Notfällen auch rund um die Uhr an den **Auslandsnotruf des ADAC** unter Tel. +49/89/222222 wenden. Bei Bedarf werden auch **Dolmetscher** vermittelt.
In vielen öffentlichen Gebäuden und Einrichtungen befinden sich **Defibrillatoren**, die schon beim allerersten Auftreten Herzrhythmusstörungen beenden können. Sie sind wie bei uns durch das Wort Defibrillator gekennzeichnet und zur Anwendung durch medizinische Laien vorgesehen.

Öffnungszeiten

Geschäfte sind in den Städten meistens Mo–Fr 9–13, 15–19 und Sa 9–13 Uhr geöffnet, in **Ferienorten** auch durchgehend und am Wochenende. **Einkaufszentren** und größere **Supermärkte** öffnen täglich (auch sonntags) etwa von 9 bis 21 Uhr. Auch in kleineren, ländlichen Ortschaften werden die Öffnungszeiten häufig auf den Samstagnachmittag und Sonntagvormittag ausgedehnt.
Öffnungszeiten von **Bank** und **Post** siehe Einträge Geld und Währung (S. 175) sowie Post (S. 178).

Post

Postfilialen haben in der Regel Mo–Fr 9–18 Uhr geöffnet, manchmal auch am Samstagvormittag. **Briefmarken** sind außerdem an Automaten vor den Postämtern sowie in Souvenirläden mit CTT-Schild an der Tür erhältlich, in Letzteren meist gegen Aufpreis. Das reguläre **Porto** für eine Standard-Postkarte oder einen Standard-Brief (bis 20 g) in alle Länder Mitteleuropas beträgt 0,80 € (Stand 05/2017). Die **Laufzeiten** betragen im Schnitt 2–4 Tage, im Einzelfall kann es auch länger dauern. Der recht hohe Aufpreis für **Schnellpost** (»correio azul«) lohnt jedoch in der Regel nicht.

Rauchen und Alkohol

In Portugal ist das **Rauchen** in öffentlichen Bereichen wie auf Flughäfen, Bahnhöfen, in Einkaufszentren und Hotelhallen verboten. An Flughäfen gibt es **Raucherkabinen**. Gastronomiebetriebe mit über 100 m² dürfen noch Raucherzonen ausweisen, bis Ende 2020 müssen diese abgeschafft werden. Außerdem wird ab 2021 das Rauchen in Autos, in denen Kinder mitfahren, verboten sein. Die Regelungen werden auch für **E-Zigaretten** gelten. Hotels dürfen noch **Raucherzimmer** ausweisen, sie sind aber nur in begrenztem Ausmaß verfügbar.
Alkohol darf an Kinder und Jugendliche unter 18 Jahren in Geschäften und Lokalen nicht abgegeben werden. Ein Verbot des Alkoholkonsums auf Straßen, Plätzen und in Parkanlagen während der Nachtstunden etwa ab 2 Uhr ist im Gespräch.

Sicherheit

Die Algarve ist eine sichere Reiseregion, die üblichen Vorsichtsmaßnahmen sollten Sie dennoch beachten. Vorsicht ist vor allem in größeren **Ferienorten** angebracht. **Wertsachen** und wichtige Dokumente sind am besten im Hotelsafe aufgehoben (in vielen Hotels, meist gegen Gebühr). Sofern das nicht möglich ist, empfiehlt es sich, Wertsachen am Körper zu tragen. Halten Sie Ihren Bargeldbestand klein. Mit **Taschendieben** ist auf Märkten, Volksfesten, in Fußgängerzonen und Nachtlokalen zu rechnen. Auch an **Stränden** kommt es immer wieder zu Diebstählen. Im **Auto** sollte nichts offen sichtbar liegen bleiben. **Einbrüche** in Ferienwohnungen oder -häuser kommen zuweilen vor.

Diebstähle sollten Sie bei der örtlichen Polizeiwache anzeigen. Wählen Sie in Notfällen die europäische Notrufnummer 112. Umfassende Informationen zur Sicherheit in Portugal gibt es auf der Internetseite des **Auswärtigen Amtes** (www.auswärtiges-amt.de).

Souvenirs

Bäuerliche **Keramik** kommt aus dem Töpferort Porches. In Cachopo sind noch einige **Leinenweberinnen** und **Korbflechter** tätig. In Monchique werden die legendären römischen **Klappstühle** geschreinert. Produkte aus **Kork** gibt es überall an der Algarve, vor allem aber in São Brás de Alportel.

Hervorragende **Schinken- und Wurstwaren** werden in Monchique hergestellt. Dort gibt es auch **Gebirgshonig** und »**medronho**« (Schnaps von Baumerdbeeren). Handliche **Käselaibe** aus kleinen Käsereien, **Mandeln** und getrocknete **Feigen** sowie hausgemachte »**piri piri**«-**Soße** oder auch die Chilischoten dafür erhalten Sie in bester Auswahl in einer der vielen Markthallen. **Wein** von der Algarve verkauft z. B. die Kellerei von Lagoa.

Sport

Golf

Die Algarve ist mit rund 40 Plätzen eine der führenden Golfdestinationen Europas. In der Regel sind die **Golfplätze** in luxuriöse Resorts integriert, die Paketpreise für Übernachtungen und Platzgebühren anbieten (ab ca. 700 € für 7 Tage und 5 Greenfees). Auch **Tagesgäste** sind hier willkommen. Die **Greenfee-Kosten** für 18 Loch betragen abhängig von der Saison und dem Platzrenommee zwischen 45 und 220 €. Weitere Informationen unter www.1golf.eu.

Kajak

In den meisten Ferienorten finden sich Stationen, die **Seekajaks** verleihen und geführte Touren anbieten. Besonders attraktiv sind die Reviere an der Felsalgarve, wo etwa die Höhlen an der Ponta da Piedade bei Lagos erkundet werden können, sowie die Lagunen von Alvor und der Ria Formosa. Ab Alcoutim werden Kajakfahrten auf dem **Rio Guadiana** angeboten.

Reiten

Reiterhöfe im Hinterland der Algarve bieten Reiterferien, Unterricht und Ausritte an. Auch manche **Landhotels** verfügen über Pferde. Die Möglichkeiten zum Ausreiten sind mannigfaltig: auf Feldwegen, über karge Hügel, durch Eukalyptus- und Korkeichenwälder oder entlang von Bächen und Stauseen, am Strand, an der Felsküste und durch Salinengelände.

Segeln

Die Südküste der Algarve bietet recht gute Segelbedingungen, gilt allerdings wegen der großen Gezeitenunterschiede und der oftmals hohen Dünung als anspruchsvolles Revier. An der Felsalgarve kann es zu unvermittelt auftretenden Fallböen kommen. Die wichtigsten Marinas sind

Lagos, Portimão und Vilamoura. Dort werden auch Jachten verchartert. Katamaran- und Jollensegeln sowie Optimisten-Kindersegeln wird von der deutschsprachigen Sailcompany (www.sailcompany.com) an der Meia Praia bei Lagos angeboten.

Surfen

Ein buntes internationales Surferpublikum trifft sich an der Algarve. Für **Wind- und Kitesurfanfänger** sind die Lagunen ideal. Für Fortgeschrittene reicht der meist ablandige Wind an der Felsalgarve in der Regel aus. Richtig spannend auch für Profis wird es an der brandungs- und windreichen Costa Vicentina.

Vor allem aber ist die Algarve ein beliebtes Revier für das **Wellenreiten**. Die besten, aber auch durchaus anspruchsvollen Locations befinden sich an der westlichen Felsalgarve sowie an der Westküste. In Lagos, Burgau, Sagres und Carrapateira sind verschiedene Anbieter ansässig, die eine oder mehrere Varianten des Surfsports sowie meist auch das einfacher zu erlernende **SUP** (Stand Up Paddling) im Programm haben. Nicht selten ist ihnen ein Surfcamp angeschlossen.

Tauchen und Schnorcheln

Die Felsalgarve mit ihren Höhlenlabyrinthen, Grotten und Riffen gilt als spannendes **Tauchrevier**. Ihre Unterwasserwelt ist vielfältiger als im Mittelmeer. Auch für Anfänger eignet sich das Revier gut. In Vilamoura, Albufeira, Armação de Pêra, Carvoeiro, Portimão, Lagos und Sagres sind **Tauchbasen** mit Schulung .

Schnorchler kommen an der Felsalgarve ebenfalls voll auf ihre Kosten.

Wandern

Vom späten Herbst bis weit ins Frühjahr hinein sind Wanderer an der Algarve unterwegs. Die Palette der möglichen Touren reicht vom Spaziergang am **Strand** oder oberhalb der Felsküste bis hin zu Bergwanderungen in der **Serra de Monchique** oder mehrtägigen Touren auf den **Fernwanderwegen** Via Algarviana (siehe Kasten S. 116), Rota Vicentina (www.rotavicentina.com) und Grande Rota do Guadiana (www.baixoguadiana.com). **Adressen** von örtlichen Veranstaltern, die organisierte Tages- und Halbtageswanderungen anbieten, stehen unter www.visitalgarve.pt.

Strom und Steckdose

Das portugiesische **Stromnetz** wird wie in Deutschland mit 230 Volt betrieben. In die Steckdosen passen problemlos **Euro- und Schuko-Stecker**.

Telefon und Internet

Portugiesischen **Telefonnummern** bestehen aus neun Ziffern. Ortsvorwahlnummern gibt es nicht.

In Städten und Ferienorten findet man **Münz- und Kartentelefone**. **Telefonkarten** (Telecom Card PT) verkaufen Postämter, Geschäfte mit CTT-Symbol oder Filialen des Internetanbieters MEO. Teurer sind Telefonate vom Hotelzimmer aus, es sei denn, Sie benutzen eine **Prepaid Calling Card** mit PIN (in Geschäften oder online erhältlich). Die **Roaminggebühren** für Mobiltelefonate wurden innerhalb der EU im Juni 2017 abgeschafft. Deutsche und österreichische Handykunden telefonieren somit in Portugal zu den gleichen Konditionen wie zu Hause.

Algarve von A–Z

Internationale Vorwahlen
- Portugal 003 51
- Deutschland 00 49
- Österreich 00 43
- Schweiz 00 41

WLAN heißt in Portugal WiFi. Es wird in vielen Hotels, Ferienwohnungen und Ferienhäusern gratis angeboten. Kostenlose **Hotspots** gibt es am Flughafen und im Bahnhof von Faro sowie in vielen Einkaufszentren, Restaurants und Cafés. Mit dem **Algarvepass** (siehe Kasten S. 73) kommt man in den Genuss von Gratis-WLAN an einer Reihe von Stränden. Auch **Fernbusse** sind immer öfter mit WLAN ausgestattet.

Trinkgeld

Bei Rechnungen im Restaurant oder Hotel ist das **Trinkgeld** inbegriffen. Dennoch ist es üblich, bei Zufriedenheit ein zusätzliches Trinkgeld zu geben. Man lässt sich zunächst das gesamte **Wechselgeld** auf einem Tellerchen zurückgeben und lässt bei Verlassen des Lokals einige Münzen liegen.

Umgangsformen

Die Portugiesen sind im Umgang mit **Fremden** eher zurückhaltend. Hat man einmal nähere **Bekanntschaft** geschlossen, ist es bei Frauen untereinander sowie zwischen Männern und Frauen üblich, sich mit angedeuteten Küsschen auf die linke und rechte Wange zu begrüßen. Während in gehobenen Berufen und bei feierlichen Anlässen formelle **Kleidung** üblich ist, kleiden sich die Algarvios in der Freizeit durchaus leger.

Textilfreies **Baden** (FKK) ist offiziell nur am einsamen Westteil der Praia do Barril (Ilha de Tavira), auf der Ilha Deserta bei Faro sowie an der Praia Adegas bei Odeceixe erlaubt. Geduldet wird es in der Regel an einigen Naturstränden südlich von Vila do Bispo. »Oben ohne« ist wenig verbreitet.

Unterkunft und Hotels

Camping

Um der wachsenden Zahl von Wohnmobilen gerecht zu werden, die aus ganz Europa an die Algarve kommen, wurde 2015 ein offizielles Netz von insgesamt 24 **Campingplätzen** und weiteren **Wohnmobilstellplätzen** geschaffen, auf denen legal übernachtet werden darf. Weitere Infos und eine Karte, auf der die Plätze verzeichnet sind, gibt es unter www.visitalgarve.pt (bisher nur Port./Engl.).

Darüber hinaus gibt es noch eine Reihe anderer Campingplätze. Im Juli/August sind sie meist sehr überlastet. Eine von ADAC Experten geprüfte Auswahl finden Sie im jährlich neu aufgelegten **ADAC Campingführer Südeuropa** sowie im **ADAC Stellplatzführer** (www.campingfuehrer.adac.de). Die Inhalte der Bücher gibt es auch als **App** für iOS und Android in den Appstores von Apple und Google.

Ferienwohnungen

Ferienhäuser und -wohnungen werden zahlreich sowohl in den Strandorten als auch im Hinterland vermietet. Sie befinden sich entweder in **Feriendörfern** (»Aldeamentos Turísticos«) und **Apartmentanlagen** (»Apartamentos Turísticos«), oder es handelt sich um individuellere **Privathäuser und -wohnungen**, die als »Alojamento Local« klassifiziert sind. Die **Preise** schwanken stark je nach

Saison. Einfache Ferienwohnungen gibt es ab 40 € pro Tag, eine Luxusvilla in Küstennähe ist ab ca. 650 € pro Tag zu haben.

Im **Internet** können Ferienhäuser und -wohnungen z. B. über www.booking.com, www.casamundo.de, www.fewo-direkt.de oder www.algarve-individuell.de gebucht werden.

Hotels

An der Algarve soll es über 5000 **Hotels** geben. In den Katalogen der deutschen Reiseveranstalter finden sich meist die gehobenen bis luxuriösen Häuser der 4- und 5-Sterne-Kategorie, manchmal auch einfachere 3-Sterne-Mittelklassehotels. Die früheren **Pensionen** werden in Portugal jetzt als Hotels, meist mit einem oder zwei Sternen, klassifiziert. Ihr Standard ist oft eher schlicht, manchmal steht nur ein Gemeinschaftsbad zur Verfügung. In der **Nebensaison** sind Doppelzimmer schon für ca. 40 € zu haben. Im Sommer wird oft ein Mehrfaches verlangt.

Jugendherbergen und Hostels

In der Region Algarve stehen **Jugendherbergen** (»pousadas de juventude«) in Faro, Tavira, Alcoutim, Portimão, Lagos und Arrifana (Aljezur) zur Verfügung. Voraussetzung ist ein gültiger **Jugendherbergsausweis**, den man (unabhängig vom Alter) in jeder Herberge erwerben kann. Übernachtungen sind in Mehrbettzimmern (pro Person 10–18 €) oder Doppelzimmern (30–52 €), z. T. auch in Familienzimmern und Apartments möglich.

Hostels gibt es in allen größeren Küstenorten. Sie wenden sich an junge Backpacker und Surfer und bieten Schlafplätze in Mehrbett- oder Doppelzimmern sowie Küche, Waschmaschine, Gemeinschaftsräume und soziale Aktivitäten.

Ländliche Quartiere

Im Hinterland der Küste wurden alte Paläste oder Gutshäuser (»quintas«) in komfortable **Landhaushotels** (»turismo rural«) mit geschmackvoll und individuell eingerichteten Zimmern verwandelt. Infos und Buchung bei:

Solares de Portugal

 Tel. 258 93 17 50,
www.solaresdeportugal.pt

Ausführliche Informationen zum **Hotelangebot** in den einzelnen Regionen mit Preiskategorien finden Sie am Ende jedes Kapitels dieses Reiseführers (siehe S. 94, 118, 150 und 168).

Verkehrsmittel im Land

Bahn und Bus

Von **Vila Real de Santo António** verkehrt über Faro bis **Lagos** auf einer landschaftlich reizvollen Strecke ein **Bummelzug** tagsüber im 30- bis 60-Minuten-Takt (www.cp.pt). Die Bahnhöfe befinden sich oft weit außerhalb der Ortschaften und nicht immer besteht Busanschluss.

Das gängigere öffentliche Verkehrsmittel an der Algarve ist der **Linienbus**. In der Regel liegen die Busbahnhöfe oder Haltestellen zentral. Das Streckennetz ist dicht. Die meisten regionalen Linien betreiben die Gesellschaften **EVA Transportes** (www.eva-bus.com) und **Renex** (www.renex.pt). Über **Stadtbusnetze** verfügen Faro, Albufeira, Portimão und Lagos.

Einzelheiten über touristisch reizvolle und interessante Bus- und Bahnver-

Algarve von A–Z

bindungen finden Sie im Innenteil des Reiseführers.

Fähren

Den Grenzfluss zu Spanien, **Rio Guadiana**, überbrückt heute bei Castro Marim eine Autobahnbrücke. Dennoch pendelt eine kleine **Autofähre** alle 30–60 Min. zwischen Vila Real de Santo António und der spanischen Stadt Ayamonte (Überfahrt 10–15 Min., einfach pro Person 1,90 €, Auto 5,50 €, www.rioguadiana.net).

Landeinwärts gibt es in der Region Algarve keine weitere Brücke über den Rio Guadiana. Alcoutim und der spanische Ort Sanlúcar de Guadiana sind durch eine kleine **Personenfähre** verbunden (pro Strecke 1 €).

Fahrrad

Radsportler aus ganz Europa nutzen in der Vorsaison das günstige Klima der Region zum Trainieren. Sie sind vor allem auf den weniger befahrenen Bergstraßen im Hinterland unterwegs.

Freizeitradler finden recht gute Bedingungen in den flacheren Küstengebieten, wo immer mehr Radwege angelegt werden. Der 214 km lange **Fern-Radwanderweg Ecovia Litoral** (www.eurovelportugal.com) verbindet Vila Real de Santo António über Feld- und Radwege sowie wenig befahrene Straßen mit der Costa Vicentina. Die Westküste selbst lässt sich mit dem Mountainbike auf dem **Fernwanderweg Rota Vicentina** (www.rotavicentina.com) erkunden, der großenteils über Pisten verläuft.

Hinweise zum Radfahren und zu **Vermietungsstationen** finden Sie auch im Innenteil des Reiseführers. Oft stellen Hotels ihren Gästen Leihfahrräder gegen Gebühr zur Verfügung.

Mietwagen

Am **Flughafen** von Faro sind verschiedene Mietwagen-Anbieter präsent. **Vorausbuchung** über einen Reiseveranstalter oder via Internet empfiehlt sich. Auch in vielen Ferienorten lassen sich Pkw anmieten. Für Mitglieder bietet die **ADAC Autovermietung** günstige Konditionen an. Buchen kann man im Internet (adac.de/autovermietung), in allen **ADAC Geschäftsstellen** oder unter Tel. +49/89/76762099.

Zeitverschiebung

In Portugal gilt **Westeuropäische Zeit** (WEZ). Die Umstellung auf **Sommer-** bzw. **Winterzeit** erfolgt europaweit zu denselben Terminen. Gegenüber Ländern, in denen Mitteleuropäische Zeit (MEZ) gilt, zu denen auch Spanien zählt, ist die Uhr daher ganzjährig um eine Stunde zurückzustellen.

Zollbestimmungen

Bei Grenzübertritten innerhalb der **EU** sind Artikel für den persönlichen Bedarf zollfrei. Dazu zählen auch **Tabakwaren** und **alkoholische Getränke**. Beispiele für Richtmengen: 800 Zigaretten, 200 Zigarren, 10 l Spirituosen, Wein in unbegrenzter Menge (www.zoll.de, www.bmf.gv.at/zoll).

Bei der Einreise in die **Schweiz** bleiben Waren (auch Tabak und Alkohol) im Gesamtwert bis 300 CHF zollfrei. Zusätzlich müssen **Freimengen** beachtet werden: Steuerfrei bleiben für Reisende ab 17 Jahren 250 Zigaretten oder Zigarren bzw. 250 g andere Tabakfabrikate, 5 l alkoholische Getränke bis 18 % Vol. und 1 l alkoholische Getränke über 18 % Vol. (www.ezv.admin.ch).

Die Geschichte der Algarve

218 v. Chr. Die Römer beginnen mit der Eroberung der Iberischen Halbinsel und setzen sich ab 133 v. Chr. endgültig in der Region fest.

507 Im Verlauf der spätantiken Völkerwanderung gelangen Westgoten bis zur Algarve und gründen einen Bischofssitz im heutigen Faro.

711 Maurische Heere unterwerfen innerhalb weniger Jahre fast die gesamte Iberische Halbinsel, deren Südwestküste sie »al-gharb« (der Westen) nennen. Xelb (heute Silves) wird Hauptstadt der Region.

1189 Christliche Truppen erobern Xelb zurück. König Afonso III. von Portugal schließt 1249 die Reconquista der Algarve ab.

1418 Heinrich der Seefahrer (1394–1460), ein Sohn von König João I., regiert die Algarve und startet ein Programm zur Erschließung des Seewegs nach Indien. Viele seiner Karavellen legen in Lagos ab. Die Umrundung des Kaps der Guten Hoffnung durch Bartolomeu Dias 1488 erlebt er nicht mehr.

1578 Von Lagos bricht König Sebastião zur Eroberung von Marokko auf, doch sein Heer wird vernichtend geschlagen, er selbst bleibt verschollen. Zwei Jahre später setzt sich König Philipp II von Spanien in der Thronfolge durch. Portugal gerät für 60 Jahre in Abhängigkeit vom Nachbarland.

1640 Den Portugiesen gelingt die Wiederherstellung ihrer Unabhängigkeit.

1755 Das schwere Erdbeben von Lissabon hat auch an der Algarve verheerende Auswirkungen.

16. Juni 1808 Die »Revolte von Olhão« legt den Grundstein für die spätere Vertreibung der Truppen Napoleons aus Portugal.

1910 In Portugal endet die Monarchie.

1926 In Lissabon wird eine Militärregierung eingesetzt, ab 1932 herrscht António Salazar als Diktator.

1965 Mit der Eröffnung des internationalen Flughafens von Faro erfährt der Tourismus an der Algarve einen unaufhaltsamen Aufschwung.

1974 Die »Nelkenrevolution« beendet die Diktatur.

1986 Portugal tritt der Europäischen Gemeinschaft (heute EU) bei und erhält in der Folgezeit Fördermittel aus Brüssel zum Aufbau einer modernen Infrastruktur.

2004 Faro ist einer der Austragungsorte der Fußball-EM in Portugal.

2014 Nach mehreren Krisenjahren kann Portugal den Euro-Rettungsschirm verlassen. Das Land stabilisiert sich wirtschaftlich.

2018 Ein großflächiger Waldbrand Anfang August bei Monchique kann nach einer Woche gelöscht werden.

Die Festung Forte da Ponta da Bandeira bewachte einst den Hafen von Lagos

Mini-Sprachführer

Portugiesisch für die Reise

Das Wichtigste in Kürze

Ja/Nein	*Sim/Não*
Bitte/Danke	*Por favor/Obrigado*
Hallo!/Auf Wiedersehen!	*Olá!/Adeus!*
Guten Morgen!/Guten Tag!	*Bom dia!/Boa tarde!*
Guten Abend!/Gute Nacht!	*Boa noite!*
Mein Name ist …	*O meu nome é/Chamo-me …*
Entschuldigung!	*Desculpe!*
Achtung!/Vorsicht!	*Atenção!/Cuidado!*
Ich verstehe Sie nicht.	*Não compreendo.*
Wie viel kostet das?	*Quanto custa (é) isso?*
Damen/Herren	*Senhoras/Homens*
geöffnet/geschlossen	*aberto/fechado*
gestern/heute/morgen	*ontem/hoje/amanhã*
Wie viel Uhr ist es?	*Que horas são?*
Wo ist …?	*Onde é …?*
Wie weit ist das?	*Qual é a distância?*
Ist das die Straße nach …?	*Esta é a rua/estrada para …?*
Nord/Süd/West/Ost	*Norte/Sul/Oeste/Este*
Ich möchte …	*Queria …*
Die Rechnung, bitte!	*A conta, por favor!*
Restaurant	*restaurante*
Auto	*carro*
Tankstelle	*posto de gasolina*
Super 95 Oktan/Diesel	*gasolina 95/gasóleo*
Panne	*avaria*
Hilfe!	*Socorro!*
Fahrrad	*bicicleta*
Bahnhof	*estação ferroviária*
Busbahnhof	*estação rodoviária*
Flughafen	*aeroporto*
Ausweis/Pass	*bilhete de identidade/passaporte*
Bank/Geldautomat	*banco/caixa multibanco*
Arzt	*médico*
Apotheke	*farmácia*
Supermarkt	*supermercado*
Tourismusbüro	*posto de turismo*

Wochentage

Montag	*segunda-feira*
Dienstag	*terça-feira*
Mittwoch	*quarta-feira*
Donnerstag	*quinta-feira*
Freitag	*sexta-feira*
Samstag	*sábado*
Sonntag	*domingo*

Zahlen

1	*um, uma*	8	*oito*
2	*dois, duas*	9	*nove*
3	*três*	10	*dez*
4	*quatro*	11	*onze*
5	*cinco*	12	*doze*
6	*seis*	100	*cem*
7	*sete*	1000	*mil*

Hinweise zur Aussprache

ã, õ	werden nasal gesprochen, Bsp.: São
c	vor ›e, i‹ wie scharfes ›s‹, Bsp.: cerveja
	vor ›a, o‹ wie ›k‹, Bsp.: faca
ch	wie ›sch‹, Bsp.: duche
ç	wie scharfes ›s‹, Bsp.: preço
ção	wie ›saau‹ (nasal), Bsp.: estação
é	wie lang gezogenes ›äh‹, Bsp.: crédito
g	vor ›a, o, u‹ wie ›g‹, Bsp.: gasolina
	vor ›e, i‹ wie weiches ›g‹ (Rage), Bsp.: longe
h	am Wortanfang stumm
j	wie weiches ›g‹ (Rage), Bsp.: hoje
nh	lang gezogenes ›ny‹, Bsp.: dinheiro
o	am Wortende als kurzes ›u‹, Bsp.: zero
qu	vor ›e, i‹ wie ›k‹, Bsp.: quero, quilo
	vor ›a, o‹ wie ›kw‹, Bsp.: quarto
x	wie ›sch‹, Bsp.: queixa
z	wie ›sch‹ am Wortende, Bsp.: faz favor
	sonst wie ›s‹, Bsp.: onze

Register

A

Albatrosse 148
Albufeira 52, **123**
Alcalar 141
Alcaria do Cume 117
Alcoutim 114
Alfonso III. 101
Algarvepass 73
Aljezur 160
Alkohol 178
Almancil 54, **75**
Almohaden 81
Alte 56, **81**
Altura 41
Alves, Hugo 39
Alvor 140
Anreise 171
Armação de Pêra 126
Auto 172
Ayamonte 111
Azulejos 103, 160

B

Bacalhau 22
Bahn und Bus 171, 182
Barranco dos Pisões 166
Barrierefreie Strände 143
Barrierefreies Reisen 173
Barrocal 52, 64
Bartolomeu Dias 158, 184
Batalha das Flores 40
Baumerdbeeren 163
Bordalo Pinheiro, Columbano 71
Burgau 148

C

Cabanas 107
Cabo de São Vicente 156
Cachopo 26, **117**
Caldas de Monchique 166
Camping 181
Capela de Nossa Senhora da Rocha 126
Carlos I. 166
Carnaval 40, 78
Carnaval de Loulé 40
Carrapateira 159
Carvoeiro 128
Castelo da Vila 114
Castelo de Castro Marim 111
Castelo de Paderne 81
Castro, Joaquim Machado de 165
Castro Marim 111
Cataplana 24, 110, 156
Chamäleon 92
Chaminés 160
Costa Pinheiro, António 91
Costa Vicentina 152

D

Delfine 108, 155, 156
Deus, João de 125
Diplomatische Vertretungen 175

E

Einkaufen 26
Einreise 171
Entdeckungsfahrer 43, 135, 142, 146, 158
Erdbeerschnaps 163
Ermäßigungen 28
Ermida de Nossa Senhora de Guadalupe 154
Erneuerbare Energien 45
Eselwandern 162
Essen 22
Estilo Chão 70
Estilo Pombalino 110
Estoi 88
Eukalyptus 166
Europäische Sumpfschildkröte 85
Events 174

F

Fähren 91, 107, 110, 183
Fahrrad 106, 109, 116, 159, 162, 183
Familienhotels 29
Faro 64, **66**
- Arco da Vila 70
- Arco do Repouso 71
- Igreja da Ordem Terceira de São Francisco 71
- Igreja do Carmo 72
- Jardim da Alameda João de Deus 72
- Museu Marítimo 72
- Museu Municipal de Faro 71
- Museu Regional do Algarve 72
- Paço Episcopal 70
- Sé Catedral de Faro 70
- Störche 67
Feiertage 175
Feigen 76
Feira da Dieta Mediterrânica, Tavira 106
Feira de Artesanato de Faro 74
Feira de Santa Iria, Faro 74
Feira Medieval, Silves 132
Felsalgarve 120
Ferragudo 133
Festa da Espiga, Salir 84
Festa das Chouriças, Querença 85
Festa do Banho 29, Lagos 147
Festa do Petisco, Querença 85
Festival da Batata-doce, Aljezur 161
Festival da Sardinha, Portimão 139
Festival Observação de Aves, Cabo de São Vicente 157
Festivals 174
Figo, Luís 80
Fischadler 114
Fischerei 72, 108
Fischotter 85
Flamingos 114, 140
Fóia 166
Fonte Benémola 85
Fortaleza de Sagres 155
Forte de Burgau 149
Foz de Odeleite 113
Fuseta 98

Register

G

Gänse 114
Garum 79
Gauguin, Paul 71
Geld 175
Geschichte 42
Gesundheit 176
Gil Eanes 158
Golf 75, 79, 94, 107, 179
Gonçalves, Diogo 135
Grutas Marinhas 130
Guerreiro, Cândido 82
Guia 124

H

Haustiere 176
Heinrich der Seefahrer 43, 143, 144, 154, 155, 157, 158, 184
Heißluftballon 192
Hl. Jakob (Santiago) 103
Hl. Vinzenz 156
Hostels 182
Hotels 57, 94, 118, 150, 168, 181, 182

I

Ilha da Armona 91
Ilha da Culatra 91
Ilha de Cabanas 107
Ilha Deserta 93
Ilha de Tavira 106
Ilha do Faro 74
Ilha do Farol 91
Informationen 176
Internet 180
Islam 101

J

Jazz 36
Johann I. 158
Jugendherbergen 182

K

Kajakfahren 163, 179
Karneval 40, 78
Karneval von Loulé 78
Kinder 28, 79, 124, 128, 139, 147, 162
Klima 176
Kolumbus 158
König Alfonso III. 71
Kork 86, 88, 110
Korkeichen 88
Kreisverkehr 172
Küche 22
Kunsthandwerk 26, 88, 99, 117, 128, 163, 164, 166
Kutschfahrten 50

L

Lagoa 127
Lagos 43, **142**
- Castelo dos Governadores 144
- Centro Ciência Viva de Lagos 146
- Forte da Ponta da Bandeira 144
- Igreja de Santo António 145
- Museu Municipal Dr. José Formosinho 144
- Núcleo Museológico Rota da Escravatura 143
- Praça do Infante Dom Henrique 143
- Praça Gil Eanes 145

LiR Galeria de Arte 127
Loulé 40, 54, **76**

M

Manuel I. 164
Manuelinik 164, 165
Marmelete 163
Marquês de Pombal 110, 135
Martim Longo 116
Mauren 42, 160
Maut 70, 123, 171
Medien 177
Medronho 163, 167
Mel e Medronho, Monchique 166
Mercado de Loulé 77
Mercado de Olhão 91
Mietwagen 183
Milreu 89
Minigolf 31
Miradouro da Falésia 52
Moncarapacho 40, **98**
Monchique 164
Monte Gordo 108
Museu do Rio 116
Museu Vivo, Cachopo 117

N

Nachtleben 177
Noras 160
Notfall 177

O

Odeceixe 162
Öffnungszeiten 178
Olhão 90
Olhos de Água 122
Olivenholz 27
Orquestra de Jazz do Algarve 37, **38**

P

Paderne 57, **80**
Parken 173
Pereira, Leonel 23
Peres Correia, Paio 100
Pest 101
Petiscos 85
Pfauen 72
Philipp II. 138, 184
Picanha 76
Piri-Piri 25
Ponta da Piedade 148
Portimão 134
- Câmara Municipal 137
- Fortaleza de Santa Catarina 138
- Igreja do Colégio 135
- Igreja Matriz 136
- Jardim Visconde Bívar 137
- Largo 1° de Dezembro 137
- Miradouro dos Três Castelos 138
- Museu de Portimão 137

Portugiesischer Wasserhund 146
Post 178
Praia da Arrifana 34
Praia da Falésia 122
Praia da Rocha 50
Praia de Cabanas 107
Praia de Faro 74
Praia do Amado 34, 159
Preise 175
Purpurhuhn 92

Register

Q
Quarteira 41, **78**
Quellen 82
Querença 84
Quinta de Marim 93
Quinta do Lago 75

R
Rasquinho, José Joaquim 145
Rauchen 178
Reiher 140
Reisezeit **18**, 176
Reiten 179
Rembrandt 71
Ria de Alvor 114
Ria Formosa 30, **92**, 114
Rio Guadiana 96
Rocha da Pena 56, **83**
Römer 86, 93, 101

S
Sagres 155
Salema 149
Salir 55, **83**
Salz 113
Sancho II. 114
Sandalgarve 96
Sanlúcar de Guadiana 114
Santiagoorden 101
São Bartolomeu de Messines 124
São Brás de Alportel 86
Sapal de Castro Marim 113, 114
Sardinen 140
Schnorcheln 142, 155, 180
Schwarzes Schwein 156
Sebastian I. 144, 145
Segeln 179
Segway 192
Sequeira, Domingos António de 71
Serra de Monchique 26, **152**
Sicherheit 172, 178
Silves 42, **130**
Souvenirs 26, 179
Spa 95, 119, 167
Spanien 110, 119
Sport 179
Steckdose 180
Stockfisch 22, 98, 139
Störche 67, 114
Strände 29
Straßenverkehr 172
Strom 180
Surfen **32**, 149, 159, 163, 180
Süßigkeiten 24
Süßkartoffel 162

T
Tageskreuzfahrten 111
Talha dourada 144, 145
Tanken 172
Tavira 100
- Capela de Nossa Senhora da Consolação 103
- Castelo de Tavira 102
- Igreja da Misericórdia 101
- Igreja Matriz de Santa Maria do Castelo 102
- Igreja Matriz de Santiago 103
- Mercado da Ribeira 104
- Núcleo Museológico Islâmico 101
- Palácio da Galeria 103
- Ponte Antiqua 101
- Praça Dr. António Padinha 104
- Torre de Tavira 103
Telefon 180
Telo, Leonel 165
Tempolimits 172
Tennis 75, 94, 118
The Messy Band 38
Thunfisch 108
Tourismus 44
Trinkgeld 181

U
Übernachten 57, 94, 118, 150, 168, 181
Umgangsformen 181
Unfall 173
Unterkunft 181

V
Vale do Lobo 75
Vasco da Gama 158
Verkehrsmittel im Land 182
Verkehrsvorschriften 172
Via Algarviana 116
Vila do Bispo 154
Vilamoura 53, **79**
Vila Real de Santo António 109
Villas-Boas, Luís 37
Visconde de Bívar 137
Vögel 108, 114, 126, 140, 148, 156, 157

W
Währung 175
Waldbrände 48
Wale 155, 156
Wandern 75, 80, 116, 159, 162, 180
Wein 128
Windsurfen 122

Z
Zeitverschiebung 183
Zollbestimmungen 183
Zoo de Lagos 147
Zoomarine 124
Zugvögel 92

Bildnachweis

Bildnachweis
Titel: Blick auf die Felsformation der Ponta da Piedade
Foto: **Alamy Stock Foto** (Cro Magnon)

Alamy Stock Foto: Prisma by Dukas Presseagentur GmbH 54, C. Magnon 10/11; AA World Travel Library 97.2; photolocation 2 134/135, Zoonar/C. Mair 147; Mikehoward 1 153.3; M. Caibarien 161 – **Huber Images:** G. Gräfenhain 12/13, 66/67, 112; M. Howard 14/15, 71, 74 – **Jahreszeiten Verlag:** A.F. Selbach 6/7, 7.2, 8.1, 8.3, 9, 61.1, 61.2, 61.3, 62.2, 63.2, 90, 93, 97.1, 100/101, 104, 121, 130, 141/143, 153.2, 157, 167 – **Laif:** K.-H. Raach 154 – **Lookphotos:** T. Roetting 87 – **mauritius images:** robertharding/Nando Machado 16/17, Danita Delimont/Martin Zwick 18, imageBROKER/Frank Paul Fietz 20, M. Howard 22, 99, 105, 162; Mint Images Ltd. 30, J. Warburton-Lee/S. Lubenow 31, 35, 192.1; Westend61/Michael Reusse 33, Juraj Kovacik/Alamy 38, Cro Magnon/Alamy 40, Mauro Rodrigues/Alamy 41, imageBROKER/GTW 43; Pete Titmuss/Alamy 45, imageBROKER/Daniel Gerd Poelsler 48, Pearl-image/Alamy 50, Marion Kaplan/Alamy 57, C. Gomersall Alamy 62.1; Washington Imaging/Alamy 63.1; Angelo DeVal - Nature Photography/Alamy 82, CBCK-Christine/Alamy 109; LH Images/Alamy 125, T. Lilley/Alamy 137; Jam World Images/Alamy 141; Phil Rees/Alamy 192.2 – **picture alliance:** akg-images/Jean Dieuzaide 44 – **Seasons Agency/Jalag:** Tim Langlotz 32, G. Lengler 77; A.F. Selbach 55, 89, 151 – **Shutterstock.com:** PJ photography 19, Mauro Rodrigues 21, JM Travel Photography 23, Cabeca de Marmore 24, Louno Morose 25, Caron Badkin 26, Sergey Kohl 27R, CroMary 28, George VieiraSilva 29, PIXEL to the PEOPLE 34, Filipe B. Varela 36, Pawel Kazmierczak 42, homydesign 46, Sergio Stakhnyk 49, AngeloDeVal 52, Peter Etchells 56, aniad 8.2; L. Smokovski 58/59; Stockphoto Video 65; anyaivanova 78; Z. Tarlacz 80/81; M. Rodrigues 84; D. Majgier 106; amnat30 115; saiko3p 122; S. Stakhnyk 129; egallardo 138; F.B. Varela 174; H. Weges Photography165; M. Verde 148/149 – **stock.adobe.com:** GCapture 27L, cristovao31 11; ah_fotobox 60.1, 62.3; sergojpg 133; tagstiles.com 153.1; Atlantismedia 184 – **www.orquestradejazzdoalgarve.com** 37, 39 – **www.walnut-tree-farm.com** 168

Impressum

Herausgeber: GRÄFE UND UNZER VERLAG GmbH, Postfach 86 03 66, 81630 München
Leitender Redakteur: Benjamin Happel
Autorin: Sabine May
Verlagsredaktion: Larissa Köpp, Gernot Schnedlitz, Silke Tauscher, Nadia Terbrack
Redaktion und Satz: Kirsten Gleinig, Jessika Zollickhofer, Anja Linda Dicke, Thomas Rach, www.bintang-berlin.de
Bildredaktion: Iris Kaczmarczyk
Schlusskorrektur: Jessika Zollickhofer
Reihengestaltung: Independent Medien Design, Horst Moser, München; Eva Stadler, München
Kartografie: Kunth Verlag GmbH & Co. KG, München
Herstellung: Mendy Willerich
Druck + Bindung: Drukarnia Dimograf Sp z o.o. (Polen)

Ansprechpartner für den Anzeigenverkauf:
KV Kommunalverlag GmbH & Co. KG, MediaCenter München,
Tel. 089/928 09 60

Ein Unternehmen der
GANSKE VERLAGSGRUPPE

ISBN 978-3-95689-733-7
1. Auflage 2020

© 2020 GRÄFE UND UNZER VERLAG GmbH, München
ADAC Reiseführer Markenlizenz der ADAC Medien und Reise GmbH, München

Leserservice
adac@graefe-und-unzer.de
Tel. 00800/72 37 33 33 (gebührenfrei in D, A, CH)
Mo–Do 9–17 Uhr, Fr 9–16 Uhr

Das Werk einschließlich aller seiner Teile ist urheberrechtlich geschützt. Jede Verwendung ohne Zustimmung von Gräfe und Unzer ist unzulässig und strafbar. Das gilt insbesondere für Vervielfältigungen, Übersetzungen, Mikroverfilmungen und die Verarbeitung in elektronischen Systemen.
Die Daten und Fakten für dieses Werk wurden mit äußerster Sorgfalt recherchiert und geprüft. Wir weisen jedoch darauf hin, dass diese Angaben häufig Veränderungen unterworfen sind und inhaltliche Fehler oder Auslassungen nicht völlig auszuschließen sind. Für eventuelle Fehler oder Auslassungen können Gräfe und Unzer, die ADAC Medien und Reise GmbH sowie deren Mitarbeiter und die Autoren keinerlei Verpflichtung und Haftung übernehmen.

Bei Interesse an maßgeschneiderten B2B-Produkten:
gabriella.hoffmann@graefe-und-unzer.de

Die Nr. 1 unter den Campingführern Europas!

- Über 5500 besonders reizvolle Campingplätze – vom Nordkap bis Sizilien
- Vor Ort recherchiert durch unabhängige ADAC Inspekteure
- Separate Planungskarte und GPS-Koordinaten
- Aktuelle Preise, Platzbeschreibung und -bewertung
- Mit ADAC Campcard für den preiswerten Campingurlaub

Überall, wo es Bücher gibt, und beim ADAC.
adac.de/shop

Die besten Plätze im modernen Info-Layout

ADAC Medien und Reise GmbH

Unterwegs an der Algarve

Inselfähren
Attraktive Strandinseln laden vor der Sandalgarve zu einem ruhigen Badetag ein. Personenfähren bringen Sie hinüber. Zur Ilha de Tavira führt ab Pedras d'El Rei auch eine Brücke mit Anschluss per Bimmelbahn zum Strand.
■ Details S. 74, 91, 98 u. 107

Autobahngebühren
Während man an der A 2 Richtung Lissabon die Maut mit Bargeld zahlen kann, wird an der Küstenstrecke A 22 elektronisch abgebucht. Mietwagen sind mit Erfassungsgeräten ausgerüstet, Autoanreiser können eine Codekarte erwerben.
■ Details S. 123

Fahrrad
Radfahren liegt an der Algarve im Trend, Verleihstationen finden Sie vielerorts. Eine Herausforderung ist der 214 km lange Radwanderweg entlang der Küste. Mountainbiker kommen auf der Rota Vicentina und der Via Algarviana auf ihre Kosten.
■ Details S. 106,109 116, 162 u. 183

Segway
Sie haben Lust auf ein Abenteuer? Mit dem Segway kommen Sie nach kurzer Einweisung bestens zurecht. Verschiedene geführte Touren sind im Angebot, etwa durch den Naturpark Ria Formosa.
■ www.algarvebysegway.com

Heißluftballon
Warum nicht mal in die Luft gehen und die beste Sicht auf Strände, Berge und weiße Dörfer genießen? Algarve Ballons macht es möglich, auf Wunsch auch exklusiv für Sie.
■ www.algarveballoons.com